FIT WIE DIE FEUERWEHR

JÖRG FÄRBER

FIT WIE DIE FEUERWEHR

Das Fitness-Kochbuch für volle Power
in Beruf, Familie und Alltag

CHRISTIAN

INHALT

VORWORT UND EINLEITUNG

MEINE PHILOSOPHIE

Herzlich willkommen und vorab ein riesiges Dankeschön, dass Sie hier sind und Sie sich die Zeit nehmen, dieses Buch zu lesen. Da ich ein sehr optimistischer und fröhlicher Mensch bin, sende ich Ihnen ein großes Lächeln durch das ganze Buch hindurch. »Ein Lächeln kostet nichts, und es ist viel wert.« Es muss nur ehrlich sein. Und das ist es hier in jedem Fall.

Meine ist Name ist Jörg Färber, ein 1,97 m großer und 101 kg schwerer Feuerwehrmann. Aus Überlieferungen heraus soll ich wohl 1975 geboren sein. Das wäre nach meinen Rechenkünsten ein Alter um die 47 oder 48 Jahre, aber fühlen tue ich mich je nach Tageszeit so etwa zwischen 25 und 37. Sie wundern sich vielleicht jetzt und fragen sich: »Was ist denn mit dem los«? Ich sage es Ihnen gerne: Dass eine Zahl nur besagt, wie alt man ist, aber nicht, wie man sich fühlt. Und ich fühle mich topfit, gesund, bin glücklich und zufrieden. Ich bin wirklich gut drauf, ein Träumer, aber Realist. Oft werde ich da belächelt, aber mit meiner Begeisterung für das Leben kann ich dann doch viele Mitmenschen mitreißen. Immer wieder werde ich gefragt, woher ich die Energie nehme. Darauf möchte ich mit diesem Buch antworten und Ihnen darin nicht irgendwelche Lebensweisheiten oder Sprüche mitgeben, die Sie schon hundertfach in Hochglanzmagazinen, Büchern, aus Schulungen oder Meetings kennen. Nein, ich möchte Ihnen nur kurz schildern, wie das Leben als Feuerwehrmann mir diese Energie verliehen hat – und das gerne an Sie weitervermitteln.

Das Leben als Feuerwehrmann und Notfallsanitäter hat mich geprägt und mich darin unterstützt, meine Bestimmung auf dieser Erde mehr und mehr herauszufinden und zu realisieren: Ich will die Menschen emotional erreichen. Das Leben als Feuerwehrmann ist ein sehr besonderes. Eines mit Grenzerfahrungen. Ein Leben zwischen Leben und Tod. Das Privileg, helfen zu dürfen, ist außergewöhnlich und einzigartig. Die Einzigartigkeit besteht darin, dass wir bei der Feuerwehr tagtäglich die Wucht des Lebens zu spüren bekommen. Von der Geburt bis zum Sterbeprozess ist alles dabei. Das Privileg, helfen zu dürfen, verschafft uns dabei eine Sichtweise auf das Leben, welche viele nie erleben. Wer, wie ich, alle Facetten des Lebens kennt, weiß genau, wie wertvoll es ist. Dankbarkeit und Demut sind meine ständigen Begleiter. Sie lassen mich den Alltag glücklich und zufrieden angehen. Bevor ich um 6.00 Uhr morgens das Haus verlasse, um zum 24-Stunden-Dienst zu gehen, küsse ich meine Frau und Kinder. Aus Liebe, Respekt und Dankbarkeit. Keiner soll und muss Angst haben. Ich wünsche uns allen einen schönen und glücklichen Tag. Mit diesen schönen und erfüllenden Momenten kann ich zum Dienst gehen.

An Dinge und Probleme, die sich mir in den Wegen stellen, trete ich oft mit einer anderen Sichtweise heran. Zum Beispiel der über die kleinen Schritte:

»Die Entfernung ist unwichtig. Nur der erste Schritt ist wichtig.«

(Marie de Vichy Chamrond)

Unterschätzen Sie dabei die kleinen Schritte nicht. Aus kleinen Schritten wird ein Weg, der zunächst holprig ist, aus diesem aber wird eine Straße, die glatt wird, und diese wird Sie ins Rollen bringen. Erst die Summe von vielen kleinen Bewegungen formt das große Ganze. Das gilt auch in Bezug auf das Erreichen von Gesundheitszielen. Körperliche und mentale Fitness ist die Lebensversicherung für diesen meinen Beruf. Wie auch Sie diese Fitness erreichen können, das möchte ich Ihnen im Folgenden zeigen. Freude, Glück, positive Energie, ein Gefühl für Freiheit, Vertrauen und der Glaube an mich selbst lassen mich so fühlen, wie ich bin – topfit wie Mitte 20.

J. Färber
A
14

Genau dazu möchte ich Sie mit diesem etwas anderen Kochbuch mitreißen: mit vielen Informationen und Tipps zum Essen und jeder Menge einfacher Rezepte sowie mit kurzen und effektiven Trainingsplänen für den Alltag, damit Sie sich rundum wohlfühlen, eben: »Fit wie die Feuerwehr!«

WAS MIR WICHTIG IST

Meine Berufung: Das Privileg, helfen zu dürfen

»Wähle einen Beruf, den du liebst, und du brauchst keinen Tag in deinem Leben mehr zu arbeiten.«

(Konfuzius)

Als ehemaliger Leistungssportler und immer auf der Suche nach einer neuen Herausforderung begab ich mich mit 28 Jahren auf völlig neues Terrain und begann eine Ausbildung zum Berufsfeuerwehrmann. Kein Kindertraum, den ich mir erfüllt habe. Nein, eine bewusste Entscheidung, etwas Neues zu machen.

»Wenn du dich in deinem Kopf und Körper nicht wohlfühlst, wirst du dich in deinem Leben nicht wohlfühlen.«

Diesen Satz hatte ich zu diesem Zeitpunkt in einem Radiointerview gehört. Er arbeitete in mir. Meine Gedanken kreisten um diese Aussage. Eines kam zum anderen, und ich entschied mich, meine Komfortzone aufzugeben und noch mal ganz was Neues zu machen. Ich bin diesen ersten Schritt gegangen, ohne zu wissen, wie groß die Entfernung zu dem Ziel letztlich war.

Mittlerweile bin ich seit 17 Jahren Berufsfeuerwehrmann und als Hauptbrandmeister und Notfallsanitäter im aktiven Einsatzdienst tätig. Einen Teil der Einsätze absolviere ich auf dem Löschfahrzeug, auf dem Rettungswagen oder Notarztwagen. Gerade bei medizinischen Noteinsätzen liegen mir die behutsame Arbeit und der unmittelbare Kontakt mit den Patienten sehr am Herzen. Diese Einsätze sind oft mehr als nur ein Job: Meine Arbeit ist meine Berufung.

Meine Leidenschaft: das Kochen

Ich habe das Handwerk des Kochens richtig gelernt. Und zwar in Leipzig. Kurz nach dem Mauerfall begann ich dort meine Lehre im damaligen Hotel Intercontinental. Dann, mit 19 Jahren und ohne ein Wort italienisch zu sprechen, reiste ich nach Italien, um mitten in der Toskana in einem kleinen feinen Zwei-Sterne-Restaurant zu arbeiten. Eine aufregende Zeit, in der ich die Liebe zur mediterranen Küche entdeckte. Eine kulinarische Weltreise in renommierte Hotels und Sternerestaurants mit Stationen in Mallorca, Kanada, Hawaii, Hamburg, Frankfurt am Main folgten.

Nach elf Jahren kehrte ich der Spitzen- und Sternegastronomie den Rücken und kam wieder nach Leipzig. Ich hing den Kochlöffel, voraussichtlich für immer, an den Nagel. Aber: Nach drei Jahren Pause in der Gastronomie kehrte ich zurück an den Herd. Eine Pause, die gut war, und urplötzlich spürte ich sie wieder, die Lust zu kochen. Jetzt hatte ich wieder Spaß daran. Und das war es, was mir gefehlt hatte. Es begann eine neue aufregende Zeit. Und aus der Lust wurde nun Leidenschaft. Ein guter Ausgleich zum Leben eines Feuerwehrmannes.

Seit 2008 koche ich mittlerweile immer mal wieder in der Nachmittagssendung »MDR um 4« und bin in verschiedenen TV-Produktionen rund um Essen, Ernährung und Fitness zu sehen.

2021 habe ich mir schließlich das Konzept für die Sommeraktion #fitwiediefeuerwehr ausgedacht. 14 Tage lang kämpfen live im MDR-Fernsehen

freiwillige Feuerwehren darum, wer die fitteste Feuerwehr Mitteldeutschlands ist. Ich darf die Sendung nun schon das zweite Jahr moderieren und kommentieren.

Meine Lebensversicherung: der Sport
Als ehemaliger Leistungsschwimmer und nach über 40 »sportlichen« Jahren habe ich jede Menge Erfahrungen in Sachen Fitness gesammelt. Ich weiß, was ich meinem Körper zutrauen kann und was zu leisten er imstande ist. Absoluter Höhepunkt in meiner sportlichen Karriere war die Teilnahme an den Weltspielen der Polizei, Feuerwehr und Justizbeamten: Die sogenannten »World Police and Fire Games« sind nach den Olympischen Spielen die zweitgrößte Sportveranstaltung der Welt. Dort konnte ich bei mehreren Teilnahmen insgesamt 13-mal Weltmeister im Schwimmen werden.

In all den Jahren versuchte ich mich auch in anderen extremen Ausdauersportveranstaltungen. So konnte ich beim Ironman, Ultramarathon und beim Swim-Run glücklich und gesund die Ziellinie überqueren.

Immer noch suche ich Herausforderungen, die ich angehen möchte. Ziele setzen ist für mich die Motivation weiterzumachen. Mit 50 möchte ich aussehen wie 35 und mich immer noch fühlen wie Mitte 20, wie gesagt eben topfit, fit wie die Feuerwehr. Und da mein Leben wohl noch nicht aufregend genug ist und ich als aktiver Feuerwehrmann im Einsatzdienst jederzeit 100 Prozent geben und daher fit sein muss, stehen also bis heute sportliche Aktivitäten auf meinem täglichen Programm.

Mein Fundament: die Familie
Ein tief verankertes Urvertrauen in meine Familie ist immer da: eine Frau, die immer da ist, die unglaublich viel Liebe und Wärme schenkt, die positive Energie ausstrahlt und fühlt wie ich. Drei Kinder, deren Weg wir für sie ebnen, deren Schritte wir begleiten, bis sie auf dem besagten Weg sind. Wir zeigen ihnen unser Leben, in der Hoffnung, dass sie immer ein Lächeln bei sich tragen werden.

Mein Wissen: an Sie weitergeben
Ich weiß natürlich nicht, in welcher Situation Ihres Lebens Sie stehen. Und ich weiß auch nicht, wohin Sie gehen. Was ich aber weiß, dass es ganz bestimmte Prinzipien gibt, die die Grundlage für ein erfülltes und glückliches Leben bilden. Dazu gehören unter anderem ein gutes Ernährungs- und Sportprogramm. In diesem Sinne möchte ich Sie mit diesem Buch an die Hand nehmen.

In puncto richtige Ernährung möchte ich Ihnen zeigen, wie Sie sich dabei gutes Essen nicht verkneifen müssen. Denn Genuss und Glück sind ein Schritt auf dem Weg zur Fitness, sowohl für die mentale als auch die körperliche. Also besser nicht verzichten, sondern genießen Sie.

Sich aktiv zu bewegen ergänzt den Genuss. Sport ist ein Lebensgefühl. Ohne Bewegung gibt es kein Leben. Schwimmen, Joggen, Radeln oder Krafttraining machen den Kopf frei. Es lassen sich Gedanken sortieren und Probleme lösen. Und ein erreichtes Ziel macht stolz: Sie haben gelitten, geschwitzt und durchgehalten. Das Selbstwertgefühl steigt, und das Selbstbewusstsein wird gestärkt.

»Der sicherste Weg zum Erfolg ist immer, es doch noch einmal zu versuchen.«

(Thomas Alva Edison)

FEU EHR
ECONIC

DAS ERNÄHRUNGSPROGRAMM

»Zwischen Essen und Ernähren können Welten liegen.«

(Deutsches Sprichwort)

Warum hat der Tag nur 24 Stunden? Geht es Ihnen auch so: Eigentlich sollte ein Tag deutlich länger sein, um alles zu erledigen – die Zeit rennt einem davon, man schafft nie alles, und sehr häufig leidet darunter vor allem die gesunde Ernährung. Den Nine-to-five-Job haben die wenigsten heutzutage noch, seit der Pandemie sind viele im Homeoffice mit außergewöhnlichen Arbeitszeiten, und in Kombination mit Haushalt und Kindern ist das tagtäglich eine Herausforderung. Dennoch muss die Arbeit erledigt, der Haushalt geschmissen und die Kinder versorgt werden. Wann soll man da noch in Ruhe essen – oder gesund – oder überhaupt ausgewogene, leckere Mahlzeiten für die ganze Familie auf den Tisch zaubern, statt im Arbeitsstress zu Chips und Cola zu greifen?

Auch ich als Feuerwehrmann und Notfallsanitäter kenne das alles selbst nur zur Genüge: Ich muss 24 Stunden am Stück fit sein und egal zu welcher Tag- und Nachtzeit, egal nach welchem heftigen Einsatz zuvor auf den Punkt konzentriert sein, um Leben zu retten. Das geht nur mit dem richtigen Essen, sonst ist dieses Pensum kaum zu schaffen. Somit weiß ich nur zu gut, wie es vielen von Ihnen geht und wie unzufrieden man werden kann, wenn man irgendetwas Essbares nur deshalb in sich hineinschiebt, um einfach satt zu werden, und sich danach oft schlecht fühlt. Neben »falsch gegessen« kommt dann oft noch »wenig bewegt«, »viel gearbeitet« hinzu – eine schlechte Kombination.

Aber es geht auch anders. Etwas organisiert und vor allem auf das Richtige fokussiert, können Kochen, ja sogar schon Einkaufen und die Kochvorbereitungen große Freude bereiten, und Essen kann wieder zu einem Genuss werden, und das in allen Lebenslagen, auch stressigen.

Essen als Genuss

Aber wie und was kann und soll man nun essen, wenn man gefühlt nie Zeit hat? Dazu als Erstes: Ich bin der Meinung, Essen sollte nie mit Verzicht in Verbindung gebracht werden, sondern mit Genuss. Ob Obst, Nüsse oder, ja, auch Schokolade: Das richtige Essen zur richtigen Zeit kann die Laune verbessern und sogar glücklich machen und ist dabei nicht unbedingt ungesund. Essen dient uns vor allem in anstrengenden Zeiten als Belohnung, es ist zum Genießen da, es sollte eine Ruheoase im stressigen Alltag sein, immer mal wieder Seelentröster, hier und da auch Stress- oder Frustkiller – wie man an all dem sieht, ist also Essen nicht einfach nur Nahrungsaufnahme, sondern viel, viel mehr. Machen Sie doch Genuss beim Essen in allen Lebens-und Einsatzlagen, mit Sinn und Verstand bezüglich des tagesaktuellen Körperzustandes und -gefühls zu Ihrem Lebensmotto.

Kalorienausgleich durch Bewegung

Natürlich darf in den Motor (in unseren Körper) nur so viel rein, wie er auch verbraucht. Ein bisschen zu viel von allem auf Dauer führt logischerweise zu Verbrennungsstörungen, und das bedeutet im Falle unseres Körpers zu Übergewicht. Aber ab und zu über die Stränge schlagen, ist überhaupt nicht schlimm, da kommt dann das Zauberwort Bewegung ins Spiel, denn in der Bewegung liegt die Kraft – eben auch die Kraft, Kalorien zu verbrennen. Vom Schlafen alleine nimmt man nicht ab. Daher sollte eine ausgewogene, regelmäßige Bewegung, leichte

sportliche Aktivitäten bei jedem zum Leben dazugehören und Alltag sein – auch ohne Sündigen beim Essen.

Gute Zutaten für gute Mahlzeiten

Und bei der Ernährung sollte man schon bei den Zutaten genau hinschauen. Was macht ein Gericht lecker, schmackhaft und gesund? Klar sind dabei das Rezept, die kleinen Tricks und besonderen Gewürze wichtig, aber auch schon beim Einkauf kann man viel richtig machen: Nachhaltig, regional und saisonal sollte das sein, was man mit nach Hause trägt. Bio ist dabei gut, aber nicht lebensnotwendig.

Erfolgs-Rezepte

Dieses Buch möchte Sie bei all dem Vorgenannten unterstützen. Egal, wie Sie sich fühlen, welch stressiger, elend langer Tag vor Ihnen liegt, in welcher Tageslaune Sie sich befinden, welche Herausforderungen Sie erwarten, hier soll Ihnen das richtige Rezept für den richtigen Moment helfen. Dazu gibt's kulinarische Höhepunkte, ernährungsphysiologische hochwertige Anregungen und Tricks aus meinem Alltag auf der Feuerwache für Ihr Alltagsleben. Besonders wichtig ist mir dabei, dass die Zubereitung des Essens nicht so lang dauert, es gesund ist und Sie sich danach richtig gut und fit für weitere Aufgaben des Tages oder der Nacht fühlen.

Ich möchte Ihnen außerdem Tipps geben, wie Sie Ihren Tag essenstechnisch organisieren können, ohne zu hungern, aber auch ohne zuzunehmen. Wann kann ich was essen? Wie komme ich an anstrengenden Tagen schnell zu Kräften? Was kann ich an ruhigeren Tagen schon mal Leckeres und Gesundes vorbereiten, um kulinarisch dann an wieder stressigen Tagen nicht zurückstecken zu müssen?

Die folgenden Rezepte sollen Sie dazu auf vielen Ebenen bereichern und begeistern.

Viel Spaß dabei wünscht

FIT IN DEN TAG MIT EINEM POWER-FRÜHSTÜCK

»Je verknitterter Sie aufstehen, umso mehr Möglichkeiten haben Sie, sich tagsüber zu entfalten.«

(Thomas Alva Edison)

Ein gutes Frühstück stellt die Stimmungsweichen für einen ganzen Tag.

Ob morgens, mittags oder abends, wann auch immer Sie Ihren Tag beginnen, es sollte schmackhaft sein und gute Laune machen. Ob ein Frühstück die allerwichtigste Mahlzeit eines Tages ist, wie oft behauptet, das weiß ich nicht. Entscheidend für mich ist vielmehr, was ich an dem jeweiligen Tag noch vorhabe.

Täglich frische Brötchen selbst zu backen oder einen üppigen Frühstückstisch zu decken ist unmöglich. Aber es wird diese Tage geben, wo Sie die Zeit haben, und da kann man sich selber oder seine Liebsten verwöhnen. Genau dann ist ein ausführliches und ausgewogenes Frühstück mit einer guten Tasse Kaffee oder einem Tee wichtig, um neue Kraft für die nächsten stressigeren Tage und Aufgaben zu sammeln. Für solche süßen Schlemmermorgen zeige ich Ihnen wunderbare und gesunde Alternativen zu herkömmlicher Marmelade und Nuss-Nougat-Aufstrichen.

Und für die stressigen Tage: Getreideflocken, Nüsse, Früchte, mit Joghurt verfeinert, machen Sie blitzschnell munter und lange satt. Auch herzhafte Ideen schmecken immer wieder gut und geben Energie. Mit einem ausgewogenen Frühstück bzw. der ersten Mahlzeit des Tages können Sie gute Grundlagen legen, um den müden und erschöpften Körper wieder in Schwung zu bringen.

Im Folgenden habe ich für diese unterschiedlichen Anforderungen einfache Rezepte zusammengestellt, damit Sie gesund und fit in Ihren neuen Tag starten.

GRÜNE-POWER-SCHÜSSEL

mit Haferflocken, Spinat, Kiwi und Leinsamen

Zubereitungszeit: 15 Minuten

Zutaten für 2 Personen

60 g gehobelte Mandelkerne
2 EL gehackte Haselnusskerne
2 EL gehackte Walnusskerne
2 EL Kürbiskerne
50 g frischer Blattspinat
2 reife Kiwis
2 reife Bananen
½ reife Avocado
2 EL Limettensaft
½ Pck. Vanillezucker
40 g zarte Haferflocken
80 ml Mangosaft
2 Softaprikosen
1 EL Leinsamen
30 g gepuffter Amarant

Zubereitung

Mandeln, Haselnüsse, Walnüsse und Kürbiskerne ohne Öl in einer Pfanne rösten, bis sie Farbe angenommen haben. Dann die Nussmischung herausnehmen und abkühlen lassen.

Den Spinat grob zerzupfen, waschen und trockentupfen. Eine Kiwi und eine Banane schälen und grob schneiden. Das Fruchtfleisch der Avocado mit einem Löffel aus der Schale heben.

Die vorbereite Banane, Kiwi, Avocado, den Spinat, Limettensaft, Vanillezucker, die Haferflocken und den Mangosaft in einen Mixer geben und alles fein pürieren. Die Masse in zwei Schüsseln verteilen.

Die restliche Banane und Kiwi schälen, in feine Scheiben schneiden und jeweils auf die Masse in der Schüssel legen. Die Softaprikosen fein hacken und darauf verteilen. Die Nussmischung, Leinsamen und den Amarant darüberstreuen und servieren.

Tipp: Gut verschlossen in einem Schraubglas ist dieses Frühstück auch ideal als #Mealprep für unterwegs.

APFEL-BIRNE-FRÜHSTÜCKS-BOWL

Zubereitungszeit: 15 Minuten

Zutaten für 2 Personen

40 g Kokoschips
6 softgetrocknete Feigen
1 kleines Stück frischer Ingwer
2 EL Apfeldicksaft
Saft von ½ Zitrone
1 säuerlicher Apfel (z.B. Granny Smith)
1 reife Birne (z.B. Abate)
150 g 4-Korn-Getreideflocken
300 g Kefir

Zubereitung

Die Kokoschips ohne Öl in einer Pfanne goldbraun rösten und danach abkühlen lassen. Die Feigen in dünne Streifen schneiden und mit den Kokoschips vermengen.

Den Ingwer schälen und fein reiben. Mit dem Apfeldicksaft und Zitronensaft zu einem Dressing verrühren.

Apfel und Birne waschen und mit einer Küchenreibe bis auf das Kerngehäuse in feine Streifen hobeln. Die Streifen mit dem Ingwer-Zitronen-Dressing marinieren.

Die Getreideflocken, den Kefir, die Kokos-Feigen-Mischung und die marinierten Apfel-Birnen-Streifen schichtweise in zwei Bowls verteilen.

GEBACKENE HAFERFLOCKEN

mit Gurke-Apfel-Raita

Wir lieben dieses Frühstück. Und der Fantasie und Kreativität sind bei dem Rezept keine Grenzen gesetzt. Ob Sie feine oder kernige Haferflocken verwenden, Hirse, Nüsse, Zimt, Schokolade oder Früchte zugeben, ist Ihnen überlassen. Ob mit Vollmilch, Hafermilch oder Kokosmilch, alles ist erlaubt. Das Rezept eignet sich auch wunderbar als Snack am nächsten Tag in der Schule oder Büro. Also machen Sie gleich mehr, es wird alle begesitern. #Mealprep

Zubereitungszeit: 30 Minuten

Zutaten für 2 Personen

1 TL Butter zum Ausstreichen
3 reife Bananen
100 g Haferflocken
200 ml Vollmilch
1 EL Zitronensaft
2 EL Kokoschips
½ Salatgurke
1 roter Apfel (z.B. Pink Lady)
150 g Kokosjoghurt
1 Prise Zucker
Salz

Zubereitung

Den Backofen auf 180 °C Ober-/Unterhitze vorheizen.

Eine mittelgroße Auflaufform mit Butter ausstreichen. Die Bananen schälen und in der Form mit einer Gabel fein zerdrücken. Die Haferflocken und die Milch sowie den Zitronensaft zugeben und verrühren. Die Masse im vorgeheizten Ofen auf der mittleren Schiene 25 Minuten backen.

Die Kokoschips ohne Öl in einer Pfanne bei mittlerer Temperatur goldbraun rösten und danach abkühlen lassen.

Die Gurke waschen und mit einem Hobel grob raspeln. Die Raspel auf ein Küchentuch geben und das Gurkenwasser auswringen. Den Apfel waschen und ebenfalls grob raspeln. Beides mit dem Joghurt, Zucker und 1 Prise Salz zu einer Raita verrühren.

Die fertig gebackenen Haferflocken auf zwei Bowls verteilen. Die Gurken-Apfel-Raita darübergeben, die Kokoschips daraufstreuen und servieren.

GESCHMOLZENE PFLAUMEN

mit Joghurt und Sauerkirsch-Granola

Zubereitungszeit: 15 Minuten

Zutaten für 2 Personen

250 g Pflaumen
1 EL Butter
1 Sternanis
½ Zimtstange
60 ml Apfelsaft
2 Portionen Sauerkirsch-Granola (siehe Rezept »Sauerkirsch-Granola mit Quinoa und Haselnüssen« Seite 36)
200 g Joghurt
50 g Zartbitterschokolade

Zubereitung

Die Pflaumen waschen, der Länge nach halbieren und entkernen. Die Pflaumenhälften in Spalten schneiden.

Die Butter in einer Pfanne erhitzen. Den Sternanis, Zimt und die Pflaumen darin bei mittlerer Temperatur anbraten. Mit dem Apfelsaft ablöschen und 3 Minuten sanft köcheln lassen. Anschließend kurz abkühlen lassen.

Die Pflaumenmasse, das Granola und den Joghurt jeweils in einem Glas schichtweise anrichten. Die Zartbitterschokolade raspeln, den Joghurt damit garnieren und servieren.

RUCKZUCK-GRANOLA

mit Rhabarber

Oh Schreck, von den vorbereiteten Granola-Mischungen ist keine mehr da, aber Sie haben aber keine Lust auf langweilige Haferflocken? Kein Problem, dieses Granola-Rezept ist schnell in der Pfanne zubereitet, schon ist ruckzuck ein gutes Frühstück fertig, und der Tag kann starten.

Zubereitungszeit: 20 Minuten

Zutaten für 2 Personen

350 g Rhabarber
1 Vanilleschote
Saft von 1 Zitrone
30 g Zucker
Salz
130 g kernige Haferflocken
30 g Mandelblättchen
1 EL Agavendicksaft
1 Msp. Zimtpulver
2 EL heller Sesam
1 EL geröstetes Sesamöl
100 g Ricotta
50 g Zartbitterschokolade

Zubereitung

Den Backofen auf 220 °C Oberhitze oder Grillfunktion einstellen.

Den Rhabarber waschen, putzen und in etwa 3 cm lange Stücke schneiden. Die Vanilleschote längs halbieren, mit der Spitze eines Messers das Mark herauskratzen. Die Rhabarberstückchen mit der Vanille in eine Auflaufform geben und mit dem Zitronensaft, Zucker und 1 Prise Salz marinieren. Die Mischung im vorgeheizten Ofen 12 Minuten rösten.

In der Zwischenzeit Haferflocken, Mandeln, Agavendicksaft, Zimt, Sesam, 1 Prise Salz und Sesamöl in eine Schüssel geben und mit 1 Tasse warmem Wasser vermengen. Die Haferflockenmasse in eine große Pfanne geben und bei mittlerer Temperatur in 12–14 Minuten goldbraun rösten, dabei gelegentlich umrühren.

Den fertig gerösteten Rhabarber aus dem Backofen nehmen und etwas abkühlen lassen. Die krossen Haferflocken mit dem Rhabarber und dem Ricotta jeweils schichtweise in ein Glas geben. Zuletzt die Zartbitterschokolade darüberraspeln und servieren.

Tipp: Anstelle des Rhabarbers können Sie je nach Jahreszeit auch andere Obstsorten verwenden. Ob Kirschen – wie auf dem Foodfoto –, Pflaumen, Aprikosen, Äpfel oder Pfirsiche, alles ist möglich. Wenn Sie das Rezept mit Beeren zubereiten wollen, dann geben Sie diese einfach frisch, ohne Rösten dazu.

FRÜHSTÜCK-FITNESS-WRAP

mit Ei, Avocado und Linsenchips

Ich liebe Wraps in jeglicher Form. Man kann sie beliebig füllen, und sie sind ideale Wegbegleiter für unterwegs durch den Tag. Aber diesen hier gönne ich mir meistens zu Hause.

Zubereitungszeit: 20 Minuten

Zutaten für 2 Personen

- 4 Eier (L)
- 1 EL Butter
- 2 EL Frischkäse
- 2 EL rotes Pesto (aus dem Glas)
- 1 Msp. geräuchertes Paprikapulver
- 1 Msp. Chiliflocken
- Salz
- Pfeffer aus der Mühle
- 1 reife Avocado
- 8 Kirschtomaten
- 1 Mozzarella
- 2 Vollkorn-Wraps
- 1 Handvoll Linsenchips
- 1 EL Olivenöl (optional)

Zubereitung

Die Eier in eine Schüssel aufschlagen und mit einem Schneebesen verrühren. Butter in einer Pfanne zerlassen und die aufgeschlagenen Eier hineingeben. Die Temperatur reduzieren und die Eier mit einem Holzlöffel gelegentlich umrühren, bis sie stocken. Die Masse sollte cremig sein. Dann vom Herd nehmen.

Den Frischkäse mit dem roten Pesto, Paprikapulver und Chiliflocken verrühren und mit Salz und Pfeffer würzen.

Die Avocado halbieren, den Kern entfernen und mit einem Löffel das Fruchtfleisch aus der Schale lösen. Das Fruchtfleisch in dünne Scheiben schneiden. Die Tomaten waschen und vierteln. Den Mozzarella grob schneiden.

Die Wraps mit der Frischkäse-Mischung bestreichen. Alle weiteren vorbereiteten Zutaten jeweils im vorderen Teil des Wraps verteilen. Die Linsenchips grob brechen und daraufgeben. Zunächst die beiden Wrap-Seiten einklappen und anschließend den Wrap straff zusammenrollen.

Die Wraps für 1–2 Minuten in die Mikrowelle geben oder optional in 1 EL Olivenöl in einer Pfanne von allen Seiten knusprig anbraten. Dann servieren.

Tipp: Füllen Sie Ihren Wrap nach Belieben auch mal mit Bacon, Schinken, Hack oder Tofu. Eingepackt ist er außerdem eine Idee als #Meal-prep und für die #Resteküche.

GETREIDEFLOCKEN-PORRIDGE

mit Kiwi, Gurke und Minze

Heilig ist so ein Porridge schon. Jeder kennt es, jeder hat die eigene perfekte Mischung. Mit Milch oder Wasser gekocht? Dickflüssig oder dünnflüssig? Nun, ich möchte mich hier gar nicht so weit aus dem Fenster lehnen und behaupten, ich hätte hier die einzig wahre Porridge-Variante. Ich möchte Ihnen nur eine von vielen Möglichkeiten der Zubereitung zeigen. Und ich serviere mein Porridge gern mit Gurke und Feige, mehr gesund geht nicht. Es lässt sich außerdem super vorbereiten und mitnehmen. #Mealprep.

Zubereitungszeit: 10 Minuten

Zutaten für 2 Personen

400 ml Hafermilch
8 EL 4-Korn-Getreideflocken
1 TL Chiasamen
1 EL Agavendicksaft
1 EL Mandelmus
¼ Salatgurke
1 reife Feige
1 Kiwi
4 Blätter Minze

Zubereitung

Hafermilch, 400 ml Wasser, Getreideflocken, Chiasamen, Agavendicksaft und Mandelmus in einem Topf vorsichtig erhitzen und dann zum Kochen bringen. Etwa 3–4 Minuten sanft köcheln lassen. Anschließend das Porridge vom Herd nehmen, quellen und abkühlen lassen.

Die Gurke waschen und in dünne Streifen schneiden oder raspeln. Die Feige waschen, den Strunk herausschneiden und die Feige in kleine Würfel schneiden. Die Kiwi schälen und in kleine Würfel schneiden. Die Minze in feine Streifen schneiden.

Das Porridge in zwei Schüsseln füllen. Gurke, Feige, Kiwi und Minze gleichmäßig darauf verteilen. Mit einem Esslöffel servieren und mit dem ersten Eintauchen des Löffels alles unterheben.

Tipp: Herzhaft oder süß? Dick- oder dünnflüssig? Sie entscheiden, wie Ihnen das Porridge am besten mundet. Hier können Sie sehr kreativ sein, alle Zutaten sind austauschbar. Lediglich bei der Flüssigkeitsmenge sollten Sie sich in etwa an dem Rezept orientieren.

DUKKAH-EIER

mit Quinoa und Kirschtomaten

»Dukkah« (übersetzt so viel wie »zerstoßen«) ist eine leckere orientalische Gewürzmischung und in orientalischen Supermärkten oder auch in gut sortierten Supermärkten erhältlich. Sich kulinarisch gelegentlich inmitten des Alltagstresses in Urlaub zu begeben ist erlaubt und manchmal ein schöne Abwechslung, weckt Erinnerungen an vergangene Ferien und motiviert dazu, über neue Urlaubspläne nachzudenken. Also einmal bitte anschnallen und ab in Richtung der »aufgehenden Sonne«, in den neuen Tag.

Zubereitungszeit: 20 Minuten

Zutaten für 2 Personen

125 g Quinoa-Mischung
3 EL Olivenöl
Saft von ½ Limette
4 Eier
½ Salatgurke
3 Stängel Petersilie
3 Stängel Minze
120 g bunte Kirschtomaten
Salz
Pfeffer aus der Mühle
150 g griechischer Joghurt
1 Msp. Chiliflocken
½ EL flüssiger Honig
3 EL Dukkah-Gewürzmischung (orientalische Gewürzmischung)

Zubereitung

Die Quinoa-Mischung in einem Sieb mit Wasser abspülen. Mit der zweifachen Menge Wasser aufkochen und etwa 15 Minuten sanft köcheln lassen, dabei gelegentlich rühren. Dann die Quinoa in eine mittelgroße Auflaufform geben, 1 EL Olivenöl und 1 EL Limettensaft unterrühren und abkühlen lassen.

In der Zwischenzeit die Eier in etwa 6–8 Minuten hart kochen. Anschließend abgießen, abschrecken und pellen.

Die Gurke waschen und in kleine Würfel schneiden. Die Blätter der Petersilie und Minze abzupfen und fein hacken. Die Gurke und Kräuter unter die Quinoa heben.

Die Tomaten waschen, halbieren und in 1 EL Olivenöl in einer Pfanne 3 Minuten braten. Mit Salz und Pfeffer würzen.

Den Joghurt mit Chiliflocken, Honig, 1 EL Olivenöl und 1 Prise Salz glatt zu einem Dressing rühren.

Die Dukkah-Mischung in eine Schüssel geben, die Eier darin wenden und gut andrücken. Dann die Eier auf den Quinoa-Salat setzen und mit einem Messer halbieren. Die warmen Tomaten darübergeben. Zuletzt das Joghurtdressing daraufträufeln und servieren.

Tipp: Wenn Sie die Gewürzmischung selber machen wollen, benötigen Sie je 50 g gehackte Haselnusskerne und gehackte Cashewkerne, je 3 EL Sonnenblumenkerne, Sesam, Koriandersamen, je 1 EL Fenchelsamen, Koriandersamen, schwarze Pfefferkörner und Schwarzkümmelsamen, je 2 TL geräuchertes Paprikapulver und Salz. Die Nussmischung (Haselnüsse, Cashewkerne, Sonnenblumenkerne) ohne Öl goldbraun rösten und fein hacken. Die Gewürze ebenfalls kurz in einer Pfanne rösten. Alle Zutaten zusammen im Mörser fein reiben. In einem luftdichten Schraubglas und trocken gelagert, hält die Gewürzmischung mehrere Wochen. #Mealprep

SPIEGELEI

auf Waffeln, Manchego und Erdbeeren

Dies ist kein Rezept für mal so unter der Woche, es sollte zelebriert werden. Und am besten ist, man macht es gleich für seine Liebsten mit und holt sich dann die Lobeshymnen ab. Also erst einmal einen Kaffee, Musik an und ...

Zubereitungszeit: 25 Minuten

Zutaten für 2 Personen

- Salz
- 125 g Weizenmehl
- 1 Msp. Backpulver
- 1 TL Speisestärke
- 70 g Parmesan (am Stück)
- 8 Stängel Schnittlauch
- 5 Eier (L)
- 190 ml Buttermilch
- Pfeffer aus der Mühle
- 2 EL Olivenöl
- Öl für das Waffeleisen
- 1 EL Butter
- 80 g Manchego
- 8 frische Erdbeeren
- 1 Handvoll Rucola

Zubereitung

Das Waffeleisen gut vorheizen und den Backofen auf 80 °C zum Warmhalten der Waffeln vorheizen.

Etwas Salz, das Mehl, das Backpulver und die Stärke in eine Schüssel geben und vermengen. Den Parmesan reiben. Den Schnittlauch in feine Röllchen schneiden.

Ein Ei trennen. Das Eigelb mit der Buttermilch, etwas Salz und Pfeffer sowie 1 EL Olivenöl glatt rühren. Die Masse unter die Mehlmischung geben. Das Eiweiß steif schlagen. Alle vorbereiteten Zutaten zu einem Teig vermengen.

Das Waffeleisen etwas fetten und darin nacheinander vier Waffeln goldbraun ausbacken. Die fertigen Waffeln im vorgeheizten Backofen warm halten.

Für die Spiegeleier die Butter und 1 EL Olivenöl erhitzen. Die restlichen Eier darin bei mittlerer Temperatur behutsam braten, bis das Eiweiß stockt (oder nach Wunsch die Eier von beiden Seiten braten). Zuletzt die Spiegeleier mit Salz und Pfeffer würzen.

Den Manchego in dünne Scheiben schneiden. Die Erdbeeren waschen, putzen und in Scheiben schneiden. Den Rucola waschen und trockenschütteln.

Zum Anrichten die Waffeln aus dem Ofen nehmen. Jeweils mit Rucola belegen, den Manchego und die Erdbeeren darüber verteilen und zuletzt die Spiegeleier darauflegen.

GRIESSBREI

mit Erdbeeren, Blaubeeren und Minze

Hand aufs Herz, bei Grießbrei werden Erinnerungen wach – Nostalgie am Frühstückstisch. Das Rezept für den Brei wird von Generation zu Generation weitergegeben, und jeder von Ihnen hat natürlich das »richtige«. Dieses hier schmeckt auf jeden Fall auch mit Himbeeren, Johannisbeeren, Brombeeren oder am besten mit allen Beeren zusammen.

Zubereitungszeit: 15 Minuten

Zutaten für 2 Personen

150 g frische Erdbeeren
150 g frische Blaubeeren
½ Vanilleschote
1 EL Zucker
Saft von ½ Zitrone
3 Stängel Pfefferminze
500 ml Vollmilch
100 g Weichweizengrieß
1 Prise Salz
1 EL Butter

Zubereitung

Die Erdbeeren waschen, putzen und vierteln. Die Blaubeeren waschen. Die Hälfte der Erdbeeren und die Blaubeeren in einen hohen Mixbecher geben. Das Mark der Vanilleschote mit einem spitzen Messer herauskratzen und zu den Beeren in den Mixbecher geben. Mit dem Zucker und Zitronensaft verrühren und pürieren. Die restllichen Beeren in das Beerenpüree geben. Diese Beerensauce zur Seite stellen. Die Pfefferminzblättchen abzupfen, zwei Blätter zur Seite legen. Die restliche Minze in feine Streifen schneiden und zu dem Beerenkompott geben.

300 ml Milch in einem Topf bei mittlerer Temperatur langsam zum Kochen bringen. Die restlichen 200 ml Milch mit dem Grieß und dem Salz verrühren, die Mischung zu der heißen Milch geben und alles unter ständigem Rühren noch einmal aufkochen lassen. Den Grießbrei vom Herd nehmen, in eine Schüssel umfüllen und die Butter einrühren. Den Grießbrei abgedeckt 5 Minuten ruhen lassen.

Den Grießbrei in zwei Bowls verteilen. Die Beerensauce darübergeben und mit der Minze garniert servieren.

DREIMAL GRANOLA-HOMEMADE-KNUSPERMÜSLI

1 Sauerkirsch-Granola mit Quinoa und Haselnüssen

Zubereitungszeit: 45 Minuten

Zutaten für ca. 800 g fertige Granola-Mischung

- 120 g gepuffte Quinoa
- 50 g gepuffter Dinkel
- 150 g gehackte Haselnusskerne
- 180 g kernige Haferflocken
- 100 g Kürbiskerne
- 4 EL Olivenöl
- 2 TL Zimtpulver
- 3 Eiweiß
- 150 ml Agavendicksaft
- 2 TL Vanillepaste
- 100 g getrocknete Sauerkirschen

Zubereitung

Den Backofen auf 180 °C Ober-/Unterhitze vorheizen.

Quinoa, Dinkel, Haselnüsse, Haferflocken, Kürbiskerne, Olivenöl und Zimt in einer großen Schüssel vermengen.

In einer zweiten Schüssel Eiweiß, Agavendicksaft und Vanillepaste aufschlagen. Die Masse zu dem Getreide-Nuss-Mix geben und vermengen.

Zwei Backbleche mit Backpapier auslegen. Die Müslimischung gleichmäßig darauf verteilen und im vorgeheizten Ofen in etwa 35 Minuten goldbraun backen, dabei nach der Hälfte der Backzeit die Backbleche wechseln und gelegentlich kontrollieren, dass die Mischung nicht verbrennt.

Die fertig gebackene Müslimischung aus dem Ofen nehmen und die Sauerkirschen unterheben. Das Granola vollständig abkühlen lassen. Anschließend in ein Vorratsglas füllen und luftdicht verschließen. Die Granola-Mischung ist bis zu 2 Wochen gut haltbar.

2 Softaprikosen-Vanille-Granola mit Mandeln

Zubereitungszeit: 45 Minuten

Zutaten für ca. 900 g fertige Granola-Mischung

1 Vanilleschote
120 g zimmerwarme Butter
Salz
80 g Rohrzucker
½ TL Zimtpulver
250 ml Buttermilch
350 g kernige Haferflocken
50 g feine Haferflocken
30 g Leinsamen
20 g Chiasamen
60 g Kürbiskerne
150 g Mandelblättchen
60 g Sonnenblumenkerne
150 g Softaprikosen

Zubereitung

Den Backofen auf 180 °C Ober-/Unterhitze vorheizen.

Die Vanilleschote längs halbieren und das Vanillemark herauskratzen. Mit der Butter, 1 Prise Salz, Zucker und Zimt vermengen. Die Buttermilch zugeben und gut verrühren. Haferflockensorten, Leinsamen und Chiasamen unterheben und die Masse 20 Minuten quellen lassen.

Anschließend Kürbiskerne, Mandelblättchen, Sonnenblumenkerne mit der Masse vermengen. Zwei Backbleche mit Backpapier auslegen. Die Mischung darauf verteilen und glatt streichen. Im vorgeheizten Ofen in etwa 35 Minuten goldbraun backen, dabei nach der Hälfte der Zeit umrühren. Die fertig gebackene Granola-Mischung aus dem Ofen nehmen und abkühlen lassen.

Anschließend die Softaprikosen in Streifen schneiden und unter das Granola mischen. In ein großes Schraubglas umfüllen und verschließen. Die Granola-Mischung ist bis zu 2 Wochen gut haltbar.

3 Walnusskern-Knusperflocken-Granola mit Mango

Zubereitungszeit: 45 Minuten

Zutaten für ca. 700 g fertige Granola-Mischung

200 g gehackte Walnusskerne
400 g Getreideflocken-Mix (Dinkel, Hafer, Roggen)
4 EL Olivenöl
4 EL flüssiges Kokosöl
Salz
8 EL Waldhonig
100 g Knusperflocken
80 g getrocknete Mangostreifen

Zubereitung

Den Backofen auf 180 °C Ober-/Unterhitze vorheizen.

Die Walnüsse und Getreideflocken vermengen. Olivenöl, Kokosöl, 1 Prise Salz und Waldhonig in einen kleinen Topf geben und langsam erwärmen. Die warme Mischung über die Nuss-Getreideflocken-Masse geben.

Ein Backblech mit Backpapier auslegen. Die Granola-Mischung gleichmäßig darauf verteilen und im vorgeheizten Ofen etwa 35 Minuten backen, dabei nach etwa 15 Minuten mit einem Holzlöffel vorsichtig umrühren. Die fertig gebackene Mischung aus dem Ofen nehmen und vollständig abkühlen lassen.

Anschließend die Knusperflocken grob hacken. Die Mango in dünne Streifen schneiden und beides unter die Mischung heben. Das Granola in ein großes Schraubglas umfüllen und verschließen. Die Granola-Mischung ist bis zu 2 Wochen gut haltbar.

3
2
1

DREIMAL MARMELADE UND KONFITÜRE

1 Overnight-Trockenobstkonfitüre

Zubereitungszeit: 10 Minuten + Einweichzeit 8 Stunden

Zutaten für 1 Schraubglas à 250 ml

200 g Softobst-Früchtemix
1 Msp. Zimtpulver
Saft von ½ Zitrone
2 Stängel Minze

Zubereitung

Das Softobst klein schneiden und in einen kleinen Topf geben. Zimt und Zitronensaft hinzufügen und so viel Wasser auffüllen, dass die Früchte damit bedeckt sind. Die Mischung mit einem Löffel umrühren und abgedeckt etwa 8 Stunden kalt stellen.

Anschließend die Früchte mit der Flüssigkeit in ein hohes Gefäß geben und fein pürieren. Die Minze in feine Streifen schneiden und unterheben. Die Konfitüre in ein sterilisiertes Schraubglas umfüllen, verschließen und kühl lagern. Sie hält ohne Bedenken mindestens 1 Woche im Kühlschrank.

2 Zitronen-Orangen-Marmelade

Zubereitungszeit: 60 Minuten

Zutaten für 2 Schraubgläser à 170 ml

1 unbehandelte Zitrone
3 unbehandelte Orangen
150 g Gelierzucker 1:2

Zubereitung

Die Zitrone und zwei Orangen gründlich heiß waschen und mit dem Sparschäler vorsichtig, ohne das Schalenweiß, schälen. Die Schalenstücke in feine dünne Streifen schneiden und mit 150 ml Wasser aufkochen. Etwa 25 Minuten sanft köcheln lassen, dabei immer wieder umrühren, bis die Flüssigkeit verdampft ist.

Die Zitrone und die Orangen auspressen und 300 ml Saft abmessen. Die Zitrusschalen, den abgemessenen Saft und den Gelierzucker in einem Topf erhitzen und etwa 3 Minuten köcheln lassen.

Anschließend die heiße Marmelade vorsichtig in zwei sterilisierte Schraubgläser füllen, verschließen, auf den Kopf stellen und abkühlen lassen. Sie hält ohne Bedenken mindestens 1 Woche im Kühlschrank.

3 Chia-Blaubeer-Konfitüre mit Limette

Zubereitungszeit: 20 Minuten

Zutaten für 1 Schraubglas à 300 ml

250 g frische Blaubeeren (oder TK)
2 EL Agavendicksaft
1 Msp. Zimtpulver
Abrieb von 1 unbehandelten Limette
20 g Chiasamen

Zubereitung

Die Blaubeeren waschen und trockentupfen. In einem Topf mit Agavendicksaft, Zimt und Limettenabrieb aufkochen. Dann die Temperatur reduzieren und die Chiasamen einrühren. Die Konfitüremasse etwa 20 Minuten quellen lassen.

Anschließend die Konfitüre in ein sterilisiertes Schraubglas umfüllen und verschließen, auf den Kopf stellen und abkühlen lassen. Sie ist bis zu 10 Tage im Kühlschrank haltbar.

LEICHTE KOST FÜR ZWISCHENDURCH

Wer hat heutzutage einen geregelten Tagesablauf, frühstückt jeden Tag zur gleichen Zeit, isst pünktlich um 12 Uhr zu Mittag? In der Schule gibt es das noch, aber ansonsten kenne ich persönlich wenige, die dieses geregelte Leben haben – es wird mal hier und mal da gegessen, aber selten wirklich etwas Gesundes und in Ruhe, die Zeit ist einfach nicht da.

Gegen diesen Hunger, der im Laufe des Tages natürlich kommt, können kleine leckere Zwischenmahlzeiten helfen. So kommen Sie ohne Heißhungerattacken durch den Tag. Es soll dabei aber nichts ungesundes Süßes sein oder etwas, das den Magen belastet – stattdessen gibt es viele wunderbare Lösungen, die ich Ihnen im Folgenden vorstelle.

TOMATEN-ERDBEER-FETA-MELONEN-SALAT

mit Minze

Ob Frühstück, Mittag oder Abendessen, egal: Dieses Gericht kann man sich jederzeit schnell zubereiten. Und dann können Sie entscheiden, wo Sie es essen wollen. Im Büro, auf der Dienstelle, in der Feuerwache, unterwegs beim Camping oder genussvoll im Sommer am See.

Zubereitungszeit: 10 Minuten

Zutaten für 2 Personen

4 EL gehobelte Mandelkerne
250 g Kirschtomaten
300 g frische Erdbeeren
300 g Melone (Cantaloupe, Honigmelone, Wassermelone)
1 Frühlingszwiebel
120 g Feta
2 EL Apfelessig
1 TL Honig
1 TL mittelscharfer Senf
Salz
Pfeffer aus der Mühle
3 EL Olivenöl
4 Stängel Pfefferminze

Zubereitung

Die Mandeln ohne Öl in einer Pfanne goldbraun rösten.

Die Tomaten und Erdbeeren waschen, putzen und vierteln. Die Melone schälen und in Würfel schneiden. Die Frühlingszwiebel putzen, den Wurzelansatz abschneiden und die Frühlingszwiebel der Länge nach in feine Streifen schneiden. Den Fetakäse in Würfel schneiden.

Für das Dressing Essig, Honig, Senf, etwas Salz und Pfeffer in einer Schüssel mit einem Schneebesen verrühren. Dann das Olivenöl zugeben.

Die Minzblätter abzupfen und klein schneiden.

Das Dressing mit Tomaten, Erdbeeren, Melone, Frühlingszwiebel, Feta und Minze vermengen. Den Salat auf zwei Teller verteilen, die Mandelblättchen darüberstreuen und servieren.

»TIGERMILCH«

mit Lachsforelle, grünem Spargel und Himbeeren

»… zeig ihnen, dass du es kannst.« Frischen Fisch mit Tigermilch zu marinieren wurde schon 200 v. Chr. gemacht. Stärkende und aphrodisierende Kräfte sagt man dieser Tigermilch nach. Also genau das Richtige, um fit zu sein.

Zubereitungszeit: 25 Minuten

Zutaten für 2 Personen

Für die Tigermilch

- 30 g frischer Ingwer
- 1 Stange Staudensellerie
- 1 Knoblauchzehe
- 5 Stängel Koriander
- 1 frische mittelscharfe Chilischote
- Saft von 1 Limette
- 1 EL Mangopüree

Für den Lachs

- 200 g frisches Lachs- oder Lachsforellenfilet
- 2 Stangen grüner Spargel
- ½ Kohlrabi
- 1 Karotte
- ½ Fenchel
- 1 rote Zwiebel
- 8 EL Tigermilch
- 2 EL Olivenöl
- 80 g Mizuna-Salatmix
- Salz
- Pfeffer aus der Mühle
- 100 g frische Himbeeren
- 3 EL Forellen- oder Seehasenrogen
- ½ Ciabatta-Brot

Zubereitung

Den Ingwer schälen und in dünne Scheiben schneiden. Den Staudensellerie waschen, putzen und in dünne Scheiben schneiden. Den Knoblauch abziehen und durchpressen. Den Koriander hacken. Die Chilischote waschen, halbieren, entkernen und fein hacken. Alle vorbereiteten Zutaten und den Limettensaft miteinander verrühren. Die Tigermilch-Mischung 10 Minuten ziehen lassen.

Anschließend die Tigermilch-Mischung mit dem Pürierstab pürieren und durch ein Haarsieb passieren. Zuletzt das Mangopüree unterrühren.

Für den Lachs

Das Fischfilet abspülen, trockentupfen und mit einem scharfen Messer in dünne Scheiben schneiden. Bis zum Anrichten kalt stellen.

Den Spargel waschen, den Strunk etwa 2–3 cm abschneiden und den Spargel mit einem Sparschäler in Scheiben hobeln. Den Kohlrabi schälen und in dünne Streifen schneiden. Die Karotte schälen und mit einem Sparschäler ebenfalls in dünne Scheiben hobeln. Den Fenchel waschen, den Strunk keilförmig herausschneiden und den Fenchel in feine Streifen schneiden. Die Zwiebel abziehen, halbieren und in dünne Streifen schneiden.

4 EL Tigermilch mit dem Olivenöl verrühren. Den Mizuna-Salat waschen, trockenschütteln, mit dem vorbereiteten Gemüse in eine Schüssel geben und mit der Tigermilch-Mischung marinieren. Zuletzt den Gemüsesalat mit Salz und Pfeffer abschmecken.

Zum Anrichten das Fischfilet in flache Bowls oder auf Teller legen und mit der restlichen Tigermilch marinieren. Den Gemüsesalat darauf arrangieren. Die Himbeeren waschen und trockentupfen. Den Fischrogen und die Himbeeren auf dem Salat verteilen. Das Ciabatta in Scheiben schneiden und dazu servieren.

Tipp: Wer es noch etwas schärfer mag, hier noch eine leckere Chilipaste dazu: 2 EL Olivenöl mit ½ gehackten Zwiebel glasig anschwitzen, 2 fein gehackte rote Chilischoten und 2 fein gehackte Knoblauchzehen zugeben und bei niedriger Temperatur weitere 3–4 Minuten garen. Abkühlen lassen und anschließend mit dem Pürierstab fein pürieren. In einem kleinen Schraubglas ist die Paste bis zu 1 Woche im Kühlschrank haltbar.

KNÄCKEBROT

mit Erbsen, Curry, Frischkäse und Ei

Zubereitungszeit: 15 Minuten

Zutaten für 2 Personen

2 Eier (L)
1 EL Butter
80 g Erbsen (TK)
Salz
Pfeffer aus der Mühle
4 EL Frischkäse
1 Msp. Currypulver
1 EL Honig
4 Scheiben Knäckebrot
1 EL Olivenöl
4 Blätter Minze

Zubereitung

Die Eier in 7 Minuten wachsweich kochen. Anschließend abgießen, abschrecken, pellen und der Länge nach vierteln.

Die Butter in einer Pfanne bei mittlerer Temperatur erhitzen, die Erbsen zugeben und mit 2 EL Wasser ablöschen. 2 Minuten dünsten. Anschließend mit Salz und Pfeffer würzen. Dann die Erbsen in einem Sieb abtropfen lassen.

Den Frischkäse in eine Schüssel geben und mit dem Curry sowie dem Honig verrühren. Mit Salz und Pfeffer abschmecken. Zuletzt die Erbsen unterheben.

Zum Anrichten je ein Knäckebrot mit der Frischkäse-Erbsen-Masse bestreichen. Je zwei Viertel der Eier darüber verteilen und mit Salz und Pfeffer würzen. Je ein Minzblatt zum Garnieren darauflegen und servieren.

PA-AMB-OLI-BROT

mit Olivenöl

Eine kurze Auszeit ist erlaubt: Gerne lasse ich mich im Alltag kulinarisch ablenken, um dann weiter fit durch den Tag zu kommen. Als großer Mallorca-Liebhaber darf da dieses kleine Gericht für zwischendurch nicht fehlen – auch wenn ich weiß, dass ich die in Mallorca üblichen Ramallett-Tomaten bei uns nicht bekommen werde … aber mit Ochsenherz-Tomaten schmeckt es auch wunderbar.
Wie Sie Pa amb oli essen, das können Sie gern selber entscheiden. Selbst die Mallorquiner servieren es je nach Region sehr unterschiedlich. Traditionell werden dazu Serranoschinken, Manchego-Käse, Oliven, gesalzene Sardellen oder Sobrasada gereicht.

Zubereitungszeit: 15 Minuten

Zutaten für 2 Personen

1 Ochsenherz-Tomate
80 g Fetakäse
3 EL kalt gepresstes Olivenöl
4 Scheiben Ciabatta-Brot
1 Knoblauchzehe
Meersalzflocken
Pfeffer aus der Mühle
2 Blätter Basilikum

Zubereitung

Die Tomate waschen, putzen und grob raspeln. Den Fetakäse grob raspeln.

2 EL Olivenöl in einer Pfanne vorsichtig erhitzen und das Ciabatta darin von beiden Seiten goldbraun rösten.

Den Knoblauch abziehen. Die Brote auf zwei Teller legen und mit den Schnittflächen der Knoblauchzehe einreiben.

Die Tomaten löffelweise auf den Brotscheiben verteilen. Mit Meersalzflocken und dem restlichen Olivenöl beträufeln. Den Fetakäse daraufbröseln. Zuletzt die Brote mit Pfeffer würzen, mit dem Basilikum garnieren und servieren.

CROISSANT

mit Camembert, Frischkäse, Feigen und Serranoschinken

Zubereitungszeit: 20 Minuten

Zutaten für 2 Personen

- 2 Croissants
- 1 kleiner Camembert
- 6 EL Frischkäse
- Salz
- ½ Birne oder 4–5 mittelgroße reife Feigen
- Blattsalat oder Rucola zum Belegen
- 8 Scheiben Serranoschinken

Zubereitung

Die Croisstants halbieren. Den Camembert würfeln und in eine Schüssel geben. Mit dem Frischkäse verrühren. Zuletzt die Käsemasse mit etwas Salz abschmecken.

Die Birne bzw. die Feigen waschen, den Strunk herausschneiden und die Birne bzw. die Feigen in Scheiben schneiden. Den Salat waschen und trockenschütteln.

Die Käsemasse jeweils auf die Unterseite des Croissants streichen. Mit den Feigen, dem Schinken sowie dem Salat belegen und die Croissants servieren.

PIZZAECKEN

mit Rührei und marinierten Karotten

Das ist mein Frühstücksei zu Mittag. Wenn ich nach meinem 24-Stunden-Dienst nach Hause komme, ist noch ganz viel Action. Die Kinder müssen in die Schule, das Chaos muss beseitigt und der Rest des Tages geplant werden. So schlafe ich meist von 9 bis 12 Uhr und frühstücke dann erst. Eier gehören oftmals dazu, um Power für den Tag zu haben.

Zubereitungszeit: 25 Minuten

Zutaten für 2 Personen

- 2 Karotten
- 3 EL Olivenöl
- 1 TL Apfelessig
- 1 Prise Zucker
- 1 Msp. Ras el-Hanout (orientalische Gewürzmischung)
- Salz
- Pfeffer aus der Mühle
- ½ reife Avocado
- 1 Handvoll Rucola
- 200 g Pizzateig (aus der Frischetheke)
- 4 Eier (L)
- 1 EL Butter
- 1 Msp. Chiliflocken

Zubereitung

Die Karotten schälen, putzen und mit dem Sparschäler in feine Streifen schneiden. 1 EL Olivenöl, den Essig, den Zucker, das Ras el-Hanout sowie etwas Salz und Pfeffer in einer Schüssel verrühren. Die Karotten zugeben und bis zum Anrichten marinieren.

Das Fruchtfleisch der Avocado aus der Schale lösen und in feine Scheiben schneiden. Den Rucola waschen und trockenschütteln.

Den Pizzateig in Dreiecke schneiden. Die Dreiecke in einer Pfanne im restlichen Olivenöl auf beiden Seiten in 3–4 Minuten goldbraun kross braten. Anschließend herausnehmen und auf Küchenpapier abtropfen lassen.

Die Eier mit einer Gabel verrühren. Die Butter in derselben Pfanne bei mittlerer Temperatur erhitzen. Die Eiermasse hinzufügen, mit einem Holzlöffel oder Gummispatel zur Mitte schieben und zu einem schön cremigen Rührei braten.

Die Pizzaecken mit den Avocadoscheiben und den marinierten Karotten belegen. Das Rührei darauf anrichten, mit dem Rucola garnieren und servieren.

LACHS

mit jungem Blattspinat und pochiertem Ei

Zubereitungszeit: 30 Minuten

Zutaten für 2 Personen

150 g gebeizter Lachs (siehe Rezept »Gebeizter Lachs« Seite 86)
50 g Walnusskerne
½ Bund Schnittlauch
100 g Schmand
Salz
Pfeffer aus der Mühle
150 g junger Blattspinat
1 kleine Zwiebel
1 EL Butter
1 Msp. gemahlene Muskatnuss
4 EL Weißweinessig
2 frische Eier

Zubereitung

Den Lachs in dünne Scheiben schneiden.

Für die Tapenade die Walnüsse klein hacken, ohne Öl in einer Pfanne anrösten und danach abkühlen lassen. Den Schnittlauch waschen, trockentupfen und in feine Röllchen schneiden. Beides mit dem Schmand sowie Salz und Pfeffer verrühren.

Den Blattspinat waschen, putzen und trockentupfen. Die Zwiebel abziehen und fein würfeln. Butter in einer mittelgroßen Pfanne erhitzen und die Zwiebelwürfel darin glasig anschwitzen. Den Spinat zugeben und etwa 2–3 Minuten mitgaren, bis er zusammenfällt. Mit Salz, Pfeffer und Muskat würzen.

Wasser in einem Topf zum Kochen bringen und den Essig und 1 Prise Salz zugeben. Den Topf vom Herd nehmen und beiseitestellen. Die Eier in eine kleine Tasse oder Kelle aufschlagen. Mit einem Schneebesen oder einer Gabel im aufgekochten Wasser einen Strudel erzeugen und die Eier nach und nach ins Wasser gleiten lassen. Nach etwa 2–3 Minuten die Eier mit einer Schaumkelle herausnehmen und auf einem Küchentuch abtropfen lassen.

Jeweils den Lachs kreisförmig auf einem Teller anrichten. Den Spinat mittig auf den Lachs geben und dann das pochierte Ei auf das Spinatnest setzen. Die Walnusstapenade klecksweise über den gesamten Teller verteilen und alles servieren.

KÜRBIS-SCONES

mit Kalbsleberwurst und Pflaumenmus

4 o'clock in the afternoon: It is time for Earl Grey and scones. Heute ist Zeit für etwas Neues! Da ich die original Clotted Cream nicht mag, die normalerweise zum Cream Tea gereicht wird, serviere ich die Scones mit etwas Herzhaftem und zugleich Außergewöhnlichen. Sollten Scones übrig bleiben, können sie auch eingefroren werden. #Mealprep

Zubereitungszeit: 30 Minuten

Zutaten für ca. 10 Scones

- ⅛ Hokkaido-Kürbis
- 500 g Weizenmehl plus mehr zum Arbeiten
- 1 Pck. Backpulver
- 30 g Zucker
- 120 g weiche Butter
- Salz
- 300 ml Vollmilch
- 100 g Bio-Kalbsleberwurst
- 60 g Pflaumenmus

Zubereitung

Den Backofen auf 200 °C Umluft vorheizen. Ein Backbleich mit Backpapier auslegen.

Den Kürbis waschen und mit einer Reibe grob raspeln.

Mehl, Backpulver, Zucker, Kürbisraspel, Butter und 1 Prise Salz mischen. Die Milch zugeben und den Teig kräftig kneten, bis alles gut vermengt ist. Den Teig auf eine bemehlte Arbeitsfläche geben und zu einer Kugel formen. Nochmals mit etwas Mehl bestäuben und etwas ausrollen. Mit einer Ausstechform oder einem Glas daraus etwa 8 cm große Kreise ausstechen. Die Teiglinge nebeneinander auf das Backblech legen und im vorgeheizten Ofen etwa 12 Minuten backen.

Anschließend die Scones kurz abkühlen lassen. Jeweils dann mit einem Messer aufschneiden, die Unterseite mit Leberwurst sowie Pflaumenmus bestreichen und die obere Hälfte daraufsetzen. Die Scones sofort servieren, traditionell mit Tee.

Tipp: Als Alternative zur Leberwurst passt Räuchertofu-Bohnen-Aufstrich (siehe Rezept »Räuchertofu-Bohnen-Aufstrich mit Majoran« Seite 97).

SALATE, SUPPEN UND BOWLS

Ein absolutes Muss: Salate, kalte oder heiße Suppen und Bowls. Sie sind leicht, frisch zubereitet, individuell zusammenzustellen, gesund und gut verträglich.

Je nach Jahreszeit gibt es da unzählige Varianten: Wenn Sie beispielsweise eine Zutat nicht mögen, ist sie leicht gegen eine andere austauschbar. Tolle kreative Rezepte dazu – etwa Bowls, gefüllt mit verschiedensten Gemüsen kombiniert mit Fleisch, Fisch oder Obst – **finden Sie hier in diesem Kapitel.**

VEGGIE-BOWL

mit Zuckerschoten, Kohlrabi, Erbsen und Parmesan

Zubereitungszeit: 30 Minuten

Zutaten für 2 Personen

Salz
150 g Couscous
2 EL Butter
2 Eier (L)
200 g Zuckerschoten
50 g gehobelte Mandelkerne
3 EL Olivenöl
100 g grüne Erbsen (TK)
Pfeffer
1 kleiner Kohlrabi
½ Salatgurke
10 Stängel Schnittlauch
2 EL Orangensaft
1 EL Limettensaft
1 TL flüssiger Honig
60 g Parmesan (am Stück)

Zubereitung

300 ml Salzwasser aufkochen und den Couscous zugeben. Den Topf vom Herd nehmen, die Butter hinzufügen und den Couscous mit aufgesetztem Deckel etwa 10 Minuten quellen lassen.

Die Eier in 7 Minuten wachsweich kochen. Anschließend abgießen, abschrecken und pellen.

Die Zuckerschoten waschen und putzen,dann schräg in Scheiben schneiden.

Die Mandeln ohne Öl in einer Pfanne bei mittlerer Temperatur rösten, bis sie Farbe angenommen haben. Dann herausnehmen und abkühlen lassen.

2 EL Olivenöl in derselben Pfanne erhitzen und die Zuckerschoten darin anbraten. Die Erbsen zugeben, mit Salz und Pfeffer würzen und die Mischung bei mittlerer Temperatur etwa 3–4 Minuten garen.

Den Kohlrabi schälen, vierteln und in dünne Scheiben schneiden. Die Gurke waschen, halbieren und in Würfel schneiden.

Für das Dressing den Schnittlauch in kleine Röllchen schneiden. Orangensaft, Limettensaft, Honig, Schnittlauch und restliches Olivenöl in einen Mixbecher geben und mit dem Pürierstab aufmixen. Das Dressing zuletzt mit Salz und Pfeffer abschmecken.

Den Parmesan hobeln.

Die vorbereiteten Zutaten, außer Eier, Dressing, Parmesan und Mandeln, in Bowls anrichten. Jeweils ein Ei mittig daraufsetzen und halbieren. Das Dressing gleichmäßig darüber verteilen, alles mit dem Parmesan und den Mandeln bestreuen und servieren.

KRITHARAKI-BOWL

mit Feigen, bunten Tomaten und Feta-Dressing

Zubereitungszeit: 25 Minuten

Zutaten für 2 Personen

250 g Kritharaki (Reisnudeln)
Salz
3 EL Olivenöl
½ Salatgurke
100 g bunte Kirschtomaten
1 rote Zwiebel
100 g frische Himbeeren
3 frische Feigen
½ Bund Petersilie
150 g Fetakäse
2 EL griechischer Joghurt
1 EL Mayonnaise
1 EL Apfelessig
Salz
Pfeffer aus der Mühle

Zubereitung

Die Nudeln in Salzwasser nach Packungsangabe bissfest kochen. Anschließend abgießen, in eine Schüssel geben, mit 1 EL Olivenöl vermengen und abkühlen lassen.

Die Gurke und Tomaten waschen und in kleine Würfel schneiden. Die Zwiebel abziehen, halbieren und in feine Streifen schneiden. Die Himbeeren in einem Sieb abbrausen und abtropfen lassen.

Die Feigen waschen und den Strunk herausschneiden. Eine Feige halbieren und vierteln, die anderen in Würfel schneiden. Die Petersilie waschen, trockentupfen, die Blätter abzupfen und grob schneiden.

Für das Dressing den Fetakäse grob zerkleinern und in ein hohes Gefäß geben. Den Joghurt, die Mayonnaise, den Essig, die Petersilie und das restliche Olivenöl zugeben. Mit Salz und Pfeffer würzen. Alles mit dem Pürierstab fein pürieren. Dann die gewürfelten Feigen unterheben.

Nudeln, Gurke, Tomaten und die geviertelte Feige in Bowls anrichten. Das Feta-Dressing darübergeben. Die Himbeeren sowie die Zwiebel gleichmäßig darüber verteilen und die Bowls servieren.

SUSHI-BOWL

Wir lieben Sushi, doch manchmal fehlt uns die Zeit und auch die Lust, erst alles aufzurollen. Also wird stattdessen schnell diese Bowl gezaubert. Am besten kochen Sie den Reis schon am Vortag und lassen ihn abkühlen. Dann sparen Sie am Tag der Zubereitung Zeit.

Zubereitungszeit: 40 Minuten

Zutaten für 2 Personen

350 g Sushi-Reis
4 EL Mirin (asiatischer Reiswein)
3 EL Reisessig
2 Eier (L)
6 Riesengarnelen ohne Schale
1 EL Butter
100 g Erbsen (TK)
1 EL gerösteter Sesam
5 EL Sojasauce
150 g frisches Lachsfilet
½ rote Chilischote
1 Knoblauchzehe
1 daumengroßes Stück frischer Ingwer
2 EL eingelegter Ingwer (aus dem Glas)
5 Stängel Koriander
1 EL süße Chilisauce
Salz
Pfeffer aus der Mühle
½ rote Paprikaschote
½ gelbe Paprikaschote
½ Salatgurke
1 reife Avocado
2 TL Wasabi
3 EL Joghurt

Zubereitung

Den Sushi-Reis in einem Sieb mit kaltem Wasser abspülen, bis das Wasser klar durch das Sieb läuft. Den Reis gut abtropfen lassen. 500 ml Wasser mit dem Reis in einem Topf aufkochen und dann bei niedriger Temperatur etwa 12–15 Minuten mit aufgesetztem Deckel sanft köcheln lassen. Danach den Topf vom Herd nehmen und den Reis bei aufgesetztem Deckel weitere 10 Minuten quellen lassen. Anschließend ausdampfen lassen. 3 EL Mirin und den Reisessig verrühren und unter den Reis mischen.

Die Eier in etwa 6–7 Minuten wachsweich kochen. Anschließend abschrecken, pellen und der Länge nach vierteln.

Die Garnelen waschen und trockentupfen. Die Butter in einer Pfanne zerlassen und die Garnelen darin 2–3 Minuten braten. Die Erbsen und den Sesam zugeben und 2 Minuten mit durchschwenken. Dann mit 2 EL Sojasauce ablöschen und die Garnelen-Erbsen-Masse abkühlen lassen.

Das Lachsfilet abspülen, trockentupfen und in hauchdünne Scheiben schneiden.

Für das Dressing die Chilischote fein hacken. Den Knoblauch abziehen und durchpressen. Den Ingwer fein hacken. Drei Stängel Koriander fein hacken. Die Chilisauce, 1 EL Mirin und die restliche Sojasauce mit einem Schneebesen in einer Schüssel gut verrühren. Knoblauch, Ingwer, Chili und Koriander hinzufügen. Zuletzt das Dressing mit Salz und Pfeffer abschmecken.

Die Paprika und Gurke waschen und in kleine Würfel schneiden. Die Avocado halbieren und den Kern entfernen. Mit einem spitzen Messer rautenförmig in das Fruchtfleisch schneiden und anschließend mit einem großen Löffel das Fruchtfleisch aus der Schale heben.

Wasabi und Joghurt verrühren.

Zum Anrichten den Reis in eine tiefe Schüssel geben. Kreisförmig Garnelen-Erbsen-Masse, Paprika, Gurke, Avocado, Eier und Lachs darauf verteilen. Das Dressing und dann die Wasabi-Joghurt-Mischung darüberträufeln. Die Bowl mit dem restlichen Koriander garnieren und servieren.

Tipp: Achten Sie beim Fischkauf auf die Frische, gerade wenn man Fisch roh essen möchte, sollte er von sehr guter Qualität sein. Garnelen können Sie gern auch als Tiefkühlprodukt kaufen.

LINSENSUPPE

mit Paprikawurst und Walnuss-Chips

Zubereitungszeit: 30 Minuten

Zutaten für 2 Personen

- 5 Walnusskerne
- 40 g Parmesan (am Stück)
- 3 EL Olivenöl
- 100 g Paprikawurst (Chorizo, Cabanossi, Merguez)
- 1 Karotte
- 1 Stange Staudensellerie
- 1 Frühlingszwiebel
- 1 kleine Knoblauchzehe
- 1 Zweig Rosmarin
- 1 TL geräuchertes Paprikapulver
- 1 TL Ras el-Hanout (orientalische Gewürzmischung)
- 120 g rote Linsen
- 1 kleine Dose gehackte Tomaten (150–200 g)
- 500 ml Bio-Gemüsebrühe (Instant)
- Salz
- Pfeffer aus der Mühle
- 1 EL Honig
- 2 EL Weißweinessig
- 2 EL Sauerrahm

Zubereitung

Den Backofen auf 200 °C Ober-/Unterhitze vorheizen.

Die Walnüsse fein hacken. Den Parmesan grob reiben. Beides vermengen. Ein Backblech mit Backpapier auslegen und mit etwas Olivenöl einfetten. Parmesan-Walnuss-Gemisch darauf zu einer dünnen Schicht verstreichen und im vorgeheizten Ofen in 8–10 Minuten goldbraun backen. Anschließend herausnehmen, abkühlen lassen, bis die Masse fest wird, und dann grob in Chips brechen.

Für die Suppe die Paprikawurst in dünne Scheiben schneiden. Die Karotte schälen und fein würfeln. Die Selleriestange waschen, putzen und in kleine Würfel schneiden. Die Frühlingszwiebel waschen, putzen und in feine Ringe schneiden. Etwas von dem grünen Teil der Zwiebel zum Anrichten beiseitestellen. Den Knoblauch abziehen und fein hacken. Die Rosmarinnadeln abzupfen und fein hacken.

Die Paprikawurst in einem Topf in 1 EL Olivenöl etwa 3 Minuten anbraten und dann herausnehmen. Das vorbereitete Gemüse in denselben Topf geben und im Fett der Paprikawurst 5 Minuten braten. Danach Paprikapulver, Ras el-Hanout, Rosmarin und die Linsen zugeben und verrühren. Mit den gehackten Tomaten und der Brühe auffüllen. Mit Salz und Pfeffer würzen. Die Paprikawurst hinzufügen und alles etwa 15–18 Minuten köcheln lassen, bis die Linsen weich sind. Zuletzt die Suppe mit dem Honig und dem Essig abschmecken.

Den Sauerrahm mit den beiseitegestellten Frühlingszwiebeln und etwas Salz und Pfeffer vermengen.

Die Suppe in zwei Schüsseln verteilen, mit der Sauerrahm-Mischung beträufeln und mit den Walnuss-Parmesan-Chips servieren.

GERÖSTETE SCHWARZWURZELSUPPE

mit Brotwürfeln und Granatapfelkernen

Schwarzwurzel, auch Winterspargel genannt, ist ein Wintergemüse vom Allerfeinsten, mit viel Charakter und Geschmack. Auch wenn das Schälen etwas aufwendiger ist und das Rezept etwas länger dauert, verspreche ich Ihnen: Der Genuss ist unbeschreiblich. Machen Sie gleich etwas mehr, die Suppe lässt sich gut einfrieren. #Mealprep

Zubereitungszeit: 60 Minuten

Zutaten für 2 Personen

Saft von 2 Zitronen
400 g Schwarzwurzeln
2 Knoblauchzehen
1 Zwiebel
2 EL Olivenöl
Salz
Pfeffer aus der Mühle
200 ml Bio-Gemüsebrühe (Instant)
2 Scheiben Nussbrot
1 TL Butter
200 g süße Sahne
½ Granatapfel
1 Paar Einmalhandschuhe

Zubereitung

Den Backofen auf 180 °C Umluft vorheizen. Den Saft der Zitronen auspressen und in eine Schüssel mit Wasser gießen.

Die Schwarzwurzeln in kaltes Wasser legen und mit einer Bürste grob reinigen. Die Schwarzwurzeln schälen, dabei die Einmalhandschuhe tragen. Die geschälten Schwarzwurzeln in das Zitronenwasser legen.

Den Knoblauch und die Zwiebel abziehen und grob schneiden. Die Schwarzwurzeln aus dem Zitronenwasser nehmen, trockentupfen und in grobe Stücke schneiden. Diese mit den Zwiebeln und dem Knoblauch auf einem mit Backpapier bedeckten Backblech verteilen. Das Olivenöl darübergeben und alles mit Salz und Pfeffer würzen. Dann 100ml Gemüsebrühe angießen. Das Gemüse im vorgeheizten Backofen etwa 45 Minuten garen.

In der Zwischenzeit das Nussbrot in Würfel schneiden. Die Butter in einer kleinen Pfanne erhitzen und die Brotwpürfek darin unter Rühren knusprig braten. Die Brotwürfel leicht salzen.

Den Granatapfel halbieren – dabei ebenfalls Einmalhandschuhe tragen –, die Kerne auslösen und beiseitestellen.

Das weich gegarte Ofengemüse in einem Standmixer fein pürieren. Die Sahne und restliche Gemüsebrühe zugeben. Diese Schwarzwurzelsuppe in einen Topf gießen und 5 Minuten sanft köcheln lassen. Mit Salz und Pfeffer abschmecken. Die Suppe in tiefe Teller geben, mit den Brotwürfeln und den Granatäpfeln toppen und servieren.

KAROTTEN-MANGO-SUPPE

mit mariniertem Grünkohl

Bei diesem Rezept bleibt die Küche kalt. Sie benötigen nur einen Pürierstab oder Standmixer. Schnell zubereitet und vor allem erfrischend.

Zubereitungszeit: 30 Minuten

Zutaten für 2 Personen

- 200 g frischer junger Grünkohl
- 5 Stängel Koriander
- 2 Softaprikosen
- ½ reife Mango
- 1 daumengroßes Stück frischer Ingwer
- 1 kleine rote Zwiebel
- 80 ml Orangensaft
- 170 ml Karottensaft
- Saft von ½ Limette
- 2 EL Olivenöl
- ¼ frische Chilischote
- 1 Msp. Kreuzkümmel
- Salz
- Pfeffer aus der Mühle
- 100 g Kokosjoghurt

Zubereitung

Den Grünkohl und Koriander waschen, trockenschütteln und klein zupfen. Die Softaprikosen in feine Streifen schneiden. Alles in eine Schüssel geben.

Das Fruchtfleisch der Mango herauslösen und grob schneiden. Den Ingwer schälen und fein reiben. Die Zwiebel abziehen und fein schneiden. Alle drei Zutaten in einen hohen Behälter oder Standmixer geben, mit Orangensaft, Karottensaft und Limettensaft auffüllen und auf höchster Stufe fein pürieren. Mit Olivenöl, Chilischote, Kreuzkümmel, Salz und Pfeffer würzen und zu einer Suppe mixen.

Von der fertigen Suppe 3 EL zum Grünkohl geben und ihn damit marinieren. Die restliche Suppe auf zwei Teller verteilen. Den marinierten Grünkohl hineinsetzen, den Kokosjoghurt löffelweise dazugeben und die Suppe servieren.

Tipp: Grünkohl gibt es mittlerweile ganzjährig in den Frischetheken der Supermärkte. Alternativ können Sie Feldsalat, Rucola oder andere Salatvariationen verwenden.

CAESAR-SALAT

mit Chinakohl und krossem Räuchertofu

Caesar-Salat: In unzähligen Varianten steht dieser Klassiker weltweit auf den Speisekarten der Restaurants und Bars. Das Wichtigste bei dem Salat ist das Dressing. Ich verzichte allerdings in diesem Rezept auf die traditionelle Zubereitung mit Mayonnaise und verwende stattdessen Naturjoghurt.

Zubereitungszeit: 40 Minuten

Zutaten für 2 Personen

- 100 g Brot (vom Vortag)
- 4 EL Olivenöl
- 2 Zweige Thymian
- 1 kleine Knoblauchzehe
- 80 g Parmesan (am Stück)
- 6 Sardellen (aus dem Glas)
- 1 TL Dijonsenf
- 1 TL Worcestersauce
- Saft von ¼ Zitrone
- Salz
- Pfeffer aus der Mühle
- 3 EL Joghurt
- ¼ Chinakohl
- 1 Salatherz
- 150 g Räuchertofu
- 2 EL Weizenmehl
- 1 EL Sonnenblumenöl
- 2 EL Sojasauce

Zubereitung

Den Ofen auf 200 °C Umluft vorheizen. Das Brot in grobe Würfel schneiden, auf ein Backblech legen und mit 2 EL Olivenöl vermengen. Das Brot im vorgeheizten Ofen in etwa 10 Minuten kross backen. Anschließend beiseitestellen.

Für das Dressing die Blätter des Thymians abzupfen und den Knoblauch abziehen. Die Hälfte des Parmesans fein reiben. Thymian und geriebenen Parmesan mit drei Sardellen, Knoblauch, Senf, Worcestersauce, 2 EL Olivenöl und Zitronensaft in ein hohes Gefäß geben und mit dem Pürierstab fein pürieren. Mit Salz und Pfeffer abschmecken. Zuletzt den Joghurt unterrühren.

Den Chinakohl waschen, abtropfen lassen und in feine Streifen schneiden. Das Salatherz der Länge nach vierteln, waschen, den Strunk entfernen und ebenfalls abtropfen lassen.

Den Räuchertofu abtropfen lassen und in grobe Würfel schneiden. Die Würfel mit dem Mehl bestäuben. Das Sonnenblumenöl in einer Pfanne erhitzen und den Räuchertofu darin von allen Seiten kross anbraten. Dann mit der Sojasauce ablöschen. Die Pfanne vom Herd nehmen und den Tofu abkühlen lassen.

Den Chinakohl und die Brotwürfel mit drei Viertel des Dressings kräftig vermengen. Die restlichen Sardellen grob schneiden. Den restlichen Parmesan hobeln.

Zum Servieren die Salatherz-Blätter kreisförmig anrichten und die Chinakohl-Brot-Masse mittig daraufgeben. Dann zunächst den Räuchertofu und das restliche Dressing gleichmäßig darüber verteilen, danach die Sardellen und den Parmesan. Zuletzt noch mal mit Pfeffer würzen.

Tipp: Gestalten Sie Ihren Salat ganz individuell, gern auch mal mit Hähnchen oder Lachs servieren.

FENCHEL-RADIESCHEN-SALAT

mit Hähnchen-Shawarma und Aioli

Es wird orientalisch. Gehen Sie mal in einen orientalischen Supermarkt: Eine unglaubliche Aromavielfalt kommt Ihnen entgegen. Lassen Sie sich da bei den tollen Gewürzen und -mischungen beraten und kaufen Sie sich zwei bis drei verschiedene davon. Diese Gewürze sind vielfältig einsetzbar. Mittlerweile bekommt man aber auch viele in den heimischen Supermärkten, halten Sie danach Ausschau.

Zubereitungszeit: 30 Minuten

Zutaten für 2 Personen

2 Knoblauchzehen
2 Hühnerbrüste à 120 g
1 Msp. gemahlene Kurkuma
1 Msp. gemahlener Kreuzkümmel
1 Msp. gemahlener Koriander
1 Msp. Zimtpulver
4 EL Olivenöl
Saft von 1 Zitrone
1 Eigelb
50 ml Sriracha-Sauce
250 ml Sonnenblumenöl plus 1 EL mehr zum Braten
Salz
Pfeffer aus der Mühle
8 Radieschen
1 Fenchelknolle
1 kleiner Römersalat
½ frische Chilischote
1 Zwiebel
2 Zweige Thymian

Zubereitung

Die Knoblauchzehen abziehen.

Für das Shawarma die Hühnerbrüste abspülen und trockentupfen. Kurkuma, Kreuzkümmel, Koriander, Zimt, eine Knoblauchzehe, 2 EL Olivenöl und die Hälfte des Zitronensafts in ein hohes Gefäß geben und mit dem Pürierstab pürieren. Die Hühnerbrüste damit marinieren und für 10 Minuten in den Kühlschrank stellen.

Für die Aioli das Eigelb, die übrige Knoblauchzehe und Sriracha-Sauce in ein hohes Gefäß geben und pürieren. Das Sonnenblumenöl langsam in einem dünnen Strahl untermixen, bis sich eine homogene Masse ergibt. Die Aioli mit Salz und Pfeffer würzen und kalt stellen.

Für den Salat die Radieschen putzen, waschen und in feine Scheiben schneiden. Den Fenchel waschen, halbieren, den Strunk keilförmig herausschneiden und den Fenchel in feine Streifen schneiden. Den Römersalat vierteln, waschen, trockenschütteln und die Blätter vom Strunk zupfen. 2 EL Olivenöl und den restlichen Zitronensaft zu einem Dressing verrühren und mit Salz sowie Pfeffer würzen. Fenchel, Radieschen und Römersalat mit dem Dressing marinieren.

Die Zwiebel abziehen, halbieren und in feine Streifen schneiden. Die Blätter des Thymians abzupfen und fein hacken.

Die Hühnerbrüste aus der Marinade nehmen und in ganze dünne Streifen schneiden. 1 EL Sonnenblumenöl in einer Pfanne erhitzen. Das Fleisch mit der Zwiebel und dem Thymian darin von allen Seiten scharf anbraten. Zuletzt das Shawarma mit Salz sowie Pfeffer würzen und mit etwas Hühnerbrustmarinade ablöschen.

Zum Servieren den Salat auf einer Platte anrichten. Das Shawarma darauflegen und die Aioli darüberträufeln.

MARINIERTE MELONE

mit »Quinoa-Kaviar« und Ricotta

Dies ist einer meiner Lieblinge, wenn es um Salate geht: der intensive Geschmack der eingelegten Melone mit dem nussigen Aroma der schwarzen Quiona, dazu ein Mandel-Zitronen-Dressing – einfach traumhaft.

Zubereitungszeit: 30 Minuten

Zutaten für 2 Personen

400 g Wassermelone
1 frische mittelscharfe Chilischote
30 ml Agavendicksaft
150 g schwarze oder rote Quinoa
1 gelbe Paprikaschote
3 EL Mandelblättchen
1 unbehandelte Limette
3 EL Olivenöl
1 Prise Zucker
Salz
Pfeffer aus der Mühle
1 Handvoll Brunnenkresse
120 g Ricotta

Zubereitung

Das Melonenfruchtfleisch in 3 × 3 cm große Würfel schneiden. Die Chilischote waschen, halbieren, entkernen und fein hacken. Mit dem Agavendicksaft verrühren. Die Melone mit der Mischung marinieren und zugedeckt für etwa 20 Minuten in den Tiefkühler/das Tiefkühlfach stellen.

Die Quinoa nach Packungsangabe kochen, quellen und abkühlen lassen. Anschließend die Paprika waschen, entkernen und in feine Würfel schneiden. Mit der Quinoa vermengen.

Die Mandelblättchen ohne Öl in einer Pfanne goldbraun rösten.

Für das Dressing die Limette gründlich heiß waschen und die Schale fein abreiben. Die Limette halbieren und den Saft auspressen. Das Olivenöl, den Limettensaft und den Zucker verrühren. Zuletzt das Dressing mit Salz und Pfeffer abschmecken.

Die Brunnenkresse waschen und trockentupfen.

Zum Anrichten den »Quinoa-Paprika-Kaviar« und die Brunnenkresse separat auf zwei Teller verteilen. Die Melonenwürfel auf den Kaviar geben. Den Ricotta darüberkrümeln. Die Brunnenkresse mit dem Dressing marinieren und darauflegen. Zuletzt die Mandelblättchen darüberstreuen und alles servieren.

Tipp: Sollten Sie Ricotta nicht mögen, können Sie alternativ Feta verwenden. Anstelle der Brunnenkresse eignet sich Rucola sehr gut. Für das Foodfoto haben wir Gartenkresse verwendet.

MEALPREP

Heute schon »gemealprept«? »Ja, ich habe da schon mal was vorbereitet.« Ein neuer Trend? Nein, eigentlich nichts Neues, nur klingt es irre toll ... neu. Dabei hat es nur einen schicken neuen Namen, ist aber nichts anderes als das, was die Omas und Mütter dieser Welt schon immer gemacht haben. Weil es früher nie genug, nie überall und zu jeder Zeit verfügbare Nahrungsmitteln gab, haushaltete man mit dem, was man gerade hatte, und bereitete davon für magerere Zeiten vor.

Mealprep bedeutet einfach: ernten oder einkaufen, verarbeiten und aufbewahren. Der Begriff stammt aus dem Englischen: Meal = Mahlzeit und Prep, abgekürzt für preparation = Vorbereitung. Beim Mealprep wird also alles schön vorbereitet. Entweder für mehrere Tage oder gleich für die ganze Woche, für einen alleine oder für alle Familienmitglieder, die WG-Bewohner oder für die Arbeit. Im Büro, auf der Dienstelle, auf Reisen im Zug oder im Auto unterwegs.

Sein eigenes Essen von zu Hause mitzunehmen ist keine schlechte Idee: Essen, wann es die Zeit erlaubt oder man tatsächlich Hunger hat, und das essen, was man wirklich braucht und vor allem mag. Mit Mealprep sind die Zeiten vorbei, wo man auf schlechtes Kantinenessen angewiesen war oder endlos mit den Kindern über die Schulspeise diskutieren musste, die einfach mal nicht schmeckte. Oder die Zeiten, wenn Heißhungerattacken einen dazu zwangen, eine dieser Fastfood-Ketten anzusteuern. Mit Mealprep haben Sie dagegen die Möglichkeit, durch die richtige Planung und Organisation all diesen kulinarischen Grausamkeiten zu entgehen, indem Sie selber etwas vorbereiten, das Ihnen schmeckt und guttut.

Mealprep für Einsteiger

In diesem Kapitel soll es darum gehen, Ihnen dazu Tipps und Tricks mitzugeben, wie das alles gut organisiert, zubereitet und vorbereitet werden kann. Natürlich mit leckeren Rezepten und viel Geschmack. Ich möchte Sie aber nicht überfordern und Ihnen gleich ein Programm für mehrere Wochen aufstellen. Denn Änderungen im Alltag sollte man bedacht und sorgfältig angehen. Sie sollen Spaß machen. Erst wenn Sie merken, das passt zu Ihnen und Sie können es gut in Ihren Tagesablauf einbinden, dann trauen Sie sich einfach und werden mutiger und bauen mehr ein.

Timing

Familienrat einberufen > Jahreszeit beachten > Wochenmarkt-Termine raussuchen > Tag raussuchen, der sich für die Vorbereitungen eignet > Vorratsdosen oder Behälter besorgen > Wochenplan erstellen > Tiefkühlfach aufbrauchen > Platz schaffen > Einkaufszettel schreiben > Gerichte zubereiten.

Lebensmittel prüfen

– Wichtig, bevor Sie beginnen: Achten Sie bei allen Lebensmitteln darauf, dass sie frisch sind. Fleisch oder Fisch, die eventuell unangenehm riechen, Obst oder Gemüse, welches schon faulig oder schimmelig ist, sollte keinesfalls zum Mealprep verwendet werden.

– Wenn Sie Ihr eingefrorenes Gericht oder das eingemachte Chutney öffnen, riechen Sie daran. Schauen Sie, ob Sie es noch verzehren können. Denn hin und wieder kann es trotz einwandfreier und hygienischer Verarbeitung dazu kommen, dass Dinge verderben und ungenießbar werden.

Behälter und Zubehör

– Einmachgläser mit Deckel in verschiedenen Größen

– Frischhaltefolie

– Gefrierbeutel

–Verschließbare Boxen in verschiedenen Größen

– Glasflaschen mit Verschluss

– Aufkleber und Stift

Haltbar machen

– Einfrieren: Im Prinzip lassen sich viele Gerichte einfrieren. Man sollte gut überlegen, welchen Zweck man damit erfüllen möchte und wie lange diese Dinge im Tiefkühler verweilen sollen. Achten Sie auch auf Portionsgrößen. Ich empfehle, Fleisch und Fischgerichte nicht länger als 3 Monate aufzubewahren. Gemüse, Obst und Backwaren lassen sich 6–12 Monate gut lagern. Prüfen Sie dennoch kritisch nach dem Auftauen, ob das Gericht oder Lebensmittel noch genießbar ist. Um Eingefrorenes dann seiner Verwendung zuzuführen, empfiehlt sich das Auftauen über Nacht im Kühlschrank, bei Zimmertemperatur bis zu 4 Stunden. Soll es mal schnell gehen, ist die Nutzung der Mikrowelle, des Herdes oder im warmen Wasserbad auch möglich.

– Im Kühlschrank lagern: Gerichte, Saucen oder Aufstriche halten sich im Kühlschrank auch mehrere Tage. Wichtig ist es, dass alles auf Zimmertemperatur abgekühlt wurde und dann verschlossen bzw. abgedeckt wird. Denn wenn sich Kondenswasser innerhalb des verschlossenen Behälters bildet, verderben die Lebensmittel schneller.

– Trocknen: Sollten Sie sich geröstete Nuss- oder Getreidemischungen zubereiten, Chips aus Gemüse trocknen oder Brotwürfel für Salate oder Eintöpfe vorbereiten, achten Sie hier ebenfalls darauf, dass alle Produkte abgekühlt und trocken sind. Feuchtes oder warmes Abfüllen in geschlossene Behälter bedingt eine schnellere Verderblichkeit.

TOFU-BLÄTTERTEIGTASCHEN

mit Teriyaki-Pilzen

Zubereitungszeit: 30 Minuten

Zutaten für 2 Personen

200 g frische Pilze (Champignons, Austernseitlinge, Shiitake-Pilze)
1 rote Zwiebel
1 Zweig Rosmarin
1 EL Butter
2 EL Sojasauce
2 EL Teriyaki-Sauce
250 g fester Tofu
1 Rolle Blätterteig (aus der Frischetheke)
1 EL Olivenöl
2 EL gerösteter Sesam
8 Stängel Koriander
2 TL Wasabi
Saft von ½ Limette
3 EL Joghurt
1 Prise Salz

Zubereitung

Den Backofen auf 200 °C Ober-/Unterhitze vorheizen.

Für die Sauce die Pilze sauber reiben, putzen und in kleine Würfel schneiden. Die Zwiebel abziehen und in feine Würfel schneiden. Die Rosmarinnadeln abzupfen und klein hacken. Die Butter in einer Pfanne erhitzen und Rosmarin, Zwiebel sowie Pilze darin etwa 3–4 Minuten braten. Dann mit Sojasauce und Teriyaki-Sauce ablöschen und zu einer Sauce reduzieren.

Danach den Tofu in zwei dicke Scheiben schneiden und mit der Pilzsauce marinieren.

Den Blätterteig ausrollen und so halbieren, dass der Tofu nachher darin eingewickelt werden kann. Den Tofu mittig und schräg auf den Blätterteig setzen und die Pilzsauce darauf verteilen. Den Blätterteig von den Ecken nach oben mittig zusammenfalten. Die Teigkanten mit den Fingern zusammendrücken. Mit dem Olivenöl einstreichen und dem Sesam bestreuen. Die Blätterteigtaschen im vorgeheizten Ofen in etwa 20 Minuten kross backen.

Anschließend den Koriander fein hacken. Mit dem Wasabi, Limettensaft und dem Joghurt verrühren. Mit Salz abschmecken.

Die Blätterteigtaschen mit dem Joghurt-Wasabi-Dip servieren.

FITNESS-BOWL

mit gebratenem Tandoori-Hähnchen

Zubereitungszeit: 25 Minuten

Zutaten für 2 Personen

200 g Hähnchenbrust
2 EL Olivenöl
1 TL Tandoori (orientalische Gewürzmischung)
Salz
Pfeffer aus der Mühle
3 EL Walnusskerne
100 g Thunfisch (aus der Dose)
1 EL Kapern
2 EL Mayonnaise
1 Spritzer Zitronensaft
1 TL Honig
3 EL Naturjoghurt
1 EL Weißweinessig
1 Pck. Blattsalatmix (aus der Frischetheke)
60 g Parmesan (am Stück)
½ Stange Baguette

Zubereitung

Die Hähnchenbrust waschen, trockentupfen, in feine Streifen schneiden und in eine Schüssel geben. Das Olivenöl hinzufügen, alles mit der Tandoori-Gewürzmischung, Salz sowie Pfeffer würzen und vermengen.

Die Walnüsse grob hacken und ohne Öl in einer Pfanne 3–4 Minuten rösten, bis sie Farbe angenommen haben. Anschließend herausnehmen und abkühlen lassen.

Die marinierte Hähnchenbrust in dieselbe Pfanne geben und in 5 Minuten von allen Seiten kross braten.

Den Thunfisch in einem Sieb abtropfen lassen und in ein hohes Gefäß geben. Kapern, Mayonnaise, Zitronensaft, Honig und Joghurt hinzufügen. Alles mit dem Pürierstab fein pürieren. Zuletzt die Thunfischsauce mit Salz und Pfeffer abschmecken.

Die Blattsalate waschen, trockenschütteln und in zwei Bowls anrichten. Die Hähnchenbrust und die Walnüsse darauf verteilen. Dann mit der Thunfischsauce beträufeln. Den Parmesan reiben, darüberstreuen und die Bowls mit etwas Baguette servieren.

GEFÜLLTE PITABROTE

mit Hack und Tomatensalat

Zubereitungszeit: 30 Minuten

Zutaten für 2 Personen

1 Zwiebel
3 Stängel glatte Petersilie
220 g gemischtes Hackfleisch
Salz
Pfeffer aus der Mühle
1 TL geräuchertes Paprikapulver
2 Pitabrote
3 EL Olivenöl
3 mittelgroße Tomaten
1 Frühlingszwiebel
3 Stängel Koriander
Saft von ½ Zitrone
1 TL Abrieb einer unbehandelten Zitrone
1 Prise Zucker
2 EL griechischer Joghurt
1 Msp. Chiliflocken

Zubereitung

Die Zwiebel abziehen, halbieren und in feine Würfel schneiden. Die Blätter der Petersilie abzupfen und fein hacken. Beides mit dem Hackfleisch kräftig vermengen. Zuletzt die Fleischmasse mit etwas Salz, Pfeffer und dem geräucherten Paprikapulver würzen.

Den Backofen auf 180 °C Ober-/Unterhitze vorheizen.

Die Pitabrote halbieren und mit je einem Viertel der Fleischmasse füllen. 1 EL Olivenöl in einer Pfanne erhitzen und die Pitas darin von jeder Seite 3–4 Minuten braten. Anschließend die Brote im vorgeheizten Ofen 8–10 Minuten ziehen lassen.

Für den Salat die Tomaten waschen, den Strunk keilförmig herausschneiden und das Fruchtfleisch fein würfeln. Die Frühlingszwiebel waschen und in feine Ringe schneiden. Die Korianderblätter abzupfen und fein hacken. Tomaten, Frühlingszwiebel und Koriander in eine Schüssel geben. Den Salat mit dem Zitronensaft, Zitronenabrieb, Zucker und 2 EL Olivenöl marinieren. Den Joghurt mit den Chiliflocken verrühren und mit 1 Prise Salz abschmecken.

Die Pitabrote mit dem Tomatensalat und dem Joghurt servieren. Oder in eine formschöne Lunchbox legen und später genießen.

Tipp: Das Fleisch können Sie gern mit Veggie-Hack ersetzen.

KOKOS-KÜRBISSUPPE

mit Ingwer

Wenn der Herbst vor der Tür steht, stapeln sich die Kürbisse wieder in den Läden. Da sie relativ groß sind, macht es Sinn, daraus gleich einen ganzen Topf Suppe zu kochen und dann eventuell etwas einzufrieren. Oder Reste am nächsten Tage noch mal aufzutischen.

Zubereitungszeit: 30 Minuten

Zutaten für 1 großen Topf

100 g Kürbiskerne
1 mittelgroßer Hokkaido-Kürbis (ca. 600 g)
2 EL Butter
Salz
Pfeffer aus der Mühle
1 TL Currypulver
1 Msp. Chiliflocken
100 ml Weißwein (oder Orangensaft)
800 ml Kokosmilch
1 Glas eingelegter Sushi-Ingwer
1 EL Olivenöl
1 EL Weißweinessig
2 EL Kürbiskernöl

Zubereitung

Die Kürbiskerne ohne Öl in einer Pfanne etwa 3–4 Minuten rösten.

Den Kürbis waschen, halbieren und mit einem Löffel die Kerne und die Fasern herauslösen. Etwa 100 g Kürbis abschneiden und beiseitestellen. Den restlichen Kürbis grob würfeln. Die Butter in einem großen Topf zerlassen und den Kürbis darin bei mittlerer Temperatur anbraten. Mit Salz, Pfeffer, Curry und Chiliflocken würzen. Mit dem Weißwein und der Kokosmilch ablöschen. Zuletzt den Sushi-Ingwer hinzufügen und alles bei mittlerer Temperatur etwa 20 Minuten köcheln lassen, bis der Kürbis weich ist.

In der Zwischenzeit den restlichen Kürbis mit einem Sparschäler in dünne Scheiben schneiden. Mit dem Olivenöl, dem Essig und 1 Prise Salz marinieren.

Die fertig gegarte Kürbissuppe mit dem Pürierstab fein pürieren.

Zum Anrichten die Suppe in zwei Teller geben und den marinierten Kürbis mittig daraufsetzen. Die Kürbiskerne und das Kürbiskernöl kreisförmig darüber verteilen und die Suppe servieren.

Tipp: Sollte etwas Suppe übrig bleiben, können Sie sie auch wunderbar für das tolle Nudelrezept »Kürbiscreme-Spaghetti mit Tofu-Mandel-Crunch« siehe Seite 126 verwenden.

GERÖSTETE TOMATENSUPPE

mit Kartoffelcroûtons

Wer Tomaten im Garten oder auf dem Balkon anbaut, wird sich über dieses Rezept besonders freuen.

Zubereitungszeit: 45 Minuten

Zutaten für 4 Personen

- 1 kg Tomaten
- 2 Karotten
- 1 rote Zwiebel
- 2 Knoblauchzehen
- 4 Zweige Thymian
- 4 Zweige Rosmarin
- 500 ml Bio-Gemüsebrühe (Instant)
- Salz
- 6 EL Olivenöl plus mehr zum Servieren
- 4 mittelgroße Kartoffeln
- 1 EL Butter
- Pfeffer aus der Mühle
- 1 TL geräuchertes Paprikapulver
- Saft von ½ Zitrone

Zubereitung

Den Backofen auf 180 °C Ober-/Unterhitze vorheizen.

Die Tomaten waschen, halbieren und den Strunk keilförmig herausschneiden. Die Karotten schälen und der Länge nach vierteln. Die Zwiebel abziehen, halbieren und in Streifen schneiden. Den Knoblauch abziehen. Die Blätter des Thymians und die Nadeln des Rosmarins abzupfen und fein hacken.

Die Gemüsebrühe aufkochen.

Ein Backblech mit Backpapier auslegen und das vorbereitete Gemüse und die Kräuter darauflegen, salzen und alles gründlich mit 5 EL Olivenöl marinieren. Die Mischung im vorgeheizten Ofen etwa 30 Minuten rösten.

Die Kartoffeln waschen, schälen und in 1 cm große Würfel schneiden. Die Butter und 1 EL Olivenöl in einer Pfanne erhitzen und die Kartoffeln darin von allen Seiten goldbraun braten. Dann mit Salz , Pfeffer und geräuchertem Paprikapulver würzen. Zuletzt mit dem Zitronensaft ablöschen. Die Kartoffeln warm halten.

Die Gemüsemischung aus dem Ofen nehmen und kurz abkühlen lassen. Anschließend die Tomaten enthäuten. Alles in ein hohes Gefäß geben, die Gemüsebrühe hinzufügen und die Masse mit dem Pürierstab zu einer Suppe pürieren.

Die Kartoffeln auf vier Teller verteilen und die Suppe zugeben. Mit etwas Olivenöl servieren.

GEBEIZTER LACHS

Zubereitungszeit: 10 Minuten + Kühlzeit 8 Stunden

Zutaten für 4 Personen

- ca. 400 g frisches Lachsfilet mit Haut
- 80 g grobes Meersalz
- 50 g Zucker
- 1 TL schwarze Pfefferkörner
- 1 TL Fenchelsamen
- 1 TL Ras el-Hanout (orientalische Gewürzmischung)
- 1 TL Senfkörner

Zubereitung

Den Lachs abspülen und trockentupfen. Das Meersalz, den Zucker und die Gewürze in eine Schüssel geben und vermengen. Das Lachsfilet gleichmäßig mit der Beizemischung einreiben und dann mit Frischhaltefolie luftdicht einwickeln. Den Lachs für etwa 8 Stunden in den Kühlschrank stellen.

Anschließend den Lachs mit kaltem Wasser abspülen und trockentupfen. Zum Servieren in ganz dünne Scheiben schneiden.

NUDELSALAT

mit Tomaten und gebeiztem Lachs

Der Salat ist ein idealer Begleiter, wenn die warmen Sommermonate anstehen. Sie kochen am Abend die Nudeln, bereiten den Salat für alle zu, trinken ein Glas Weißwein dazu, und das, was übrig bleibt, nehmen Sie am nächsten Tag einfach mit zur Arbeit oder zum Baden oder ... Am besten machen Sie gleich eine große Schüssel davon.

Zubereitungszeit: 20 Minuten + Kühlzeit 8 Stunden für den Lachs

Zutaten für 4 Personen

180 g Farfalle
Salz
250 g kleine Kirschtomaten
10 Oliven (entsteint)
1 TL Kapern
1 TL Sardellenfilets
½ Bund Schnittlauch
6 Stängel Basilikum
3 EL Olivenöl
Saft von ½ Zitrone
Pfeffer aus der Mühle
150 g Schafskäse
80 g gebeizter Lachs (siehe Rezept »Gebeizter Lachs« Seite 86)

Zubereitung

Wasser mit Salz in einem großen Topf zum Kochen bringen und die Farfalle darin bissfest kochen.

In der Zwischenzeit die Tomaten waschen und halbieren. Die Oliven in Ringe schneiden. Die Kapern und Sardellen grob hacken. Den Schnittlauch waschen, trocken schütteln und in feine Röllchen schneiden. Die Basilikumblätter abzupfen und in Streifen schneiden. Die Tomaten, Oliven, Kapern, Sardellen, den Schnittlauch und das Basilikum mit dem Olivenöl und dem Zitronensaft vermengen und mit Salz und Pfeffer wurzen.

Den Schafskäse grob zerbröckeln. Die gegarten Nudeln in ein Sieb gießen. Und mit der Tomatenmischung und dem Schafskäse vermengen.

Den Lachs in acht dünne Scheiben schneiden.

Den Nudelsalat entweder lauwarm in zwei Bowls anrichten, je vier Scheiben Lachs daraufgeben und servieren. Oder abkühlen lassen, dann in zwei Schraubgläser mit Deckel geben, den Lachs darauf verteilen, verschließen und für das Picknick oder zum Dienst mitnehmen.

Tipp: Wenn Sie keine Zeit zum Beizen haben sollten, können Sie auch gern anderen fertig geräucherten Fisch verwenden. Zum Beispiel Lachs, Heilbutt oder Forelle.

ASIA-SANDWICH

mit Wasabi und Ingwer

Zubereitungszeit: 30 Minuten

Zutaten für 2 Personen

1 EL geröstete und gesalzene Erdnusskerne
1 EL eingelegter Sushi-Ingwer (aus dem Glas)
100 g Frischkäse
1 TL Wasabi-Paste (aus der Tube)
1 TL Teriyaki-Sauce
1 Handvoll Mizuna (asiatischer Senfkohl; oder Blattsalatmix aus dem Kühlfach)
1 Karotte
¼ Salatgurke
8 Radieschen
½ Ciabatta-Brot (oder mittelgroßes Baguette)
80 g kaltes Roastbeef (aufgeschnitten vom Metzger)

Zubereitung

Die Erdnüsse grob hacken. Den Ingwer aus dem Glas nehmen. Den Frischkäse, das Wasabi, die Erdnüsse, etwas Ingwersud und die Teriyaki-Sauce in eine Schüssel geben und verrühren.

Die Mizuna-Blätter waschen und trockenschütteln. Die Karotte schälen und fein raspeln. Die Gurke und die Radieschen waschen und in dünne Scheiben schneiden.

Das Ciabatta der Länge nach aufschneiden und die Schnittflächen mit der Wasabi-Frischkäse-Creme bestreichen. Dann den Mizuna-Salat darauf verteilen. Zuletzt die Gurke, Radieschen und das Roastbeef darübergeben. Die Oberseite des Ciabattas auflegen, portionsweise klein schneiden und servieren.

BUCHWEIZEN-»ZIGARRE«

mit Serranoschinken, Feigen und Camembert

Zubereitungszeit: 30 Minuten

Zutaten für 8 »Zigarren«

250 g Buchweizenmehl
200 ml Sojamilch
Salz
200 g Camembert
4 reife Feigen
3 EL Feigensenf
4 EL Olivenöl
8 Scheiben Serranoschinken
Butterbrotpapier
Küchengarn

Zubereitung

Das Buchweizenmehl, die Sojamilch, 1 Prise Salz und 200 ml Wasser zu einem Teig verrühren. Den Teig 10 Minuten quellen lassen.

Den Camembert in kleine Würfel schneiden. Die Feigen waschen, den Strunk herausschneiden und die Feigen würfeln. Mit dem Camembert und mit dem Feigensenf in einer Schüssel verrühren.

Jeweils etwas Olivenöl in eine Pfanne geben. Darin aus dem Teig einzeln Crêpes von beiden Seiten goldbraun ausbacken. Dann etwas abkühlen lassen.

Anschließend die Crêpes mit der Käse-Feigen-Mischung bestreichen. Den Serranoschinken einzeln darauf verteilen und die Crêpes fest zu »Zigarren« zusammenrollen.

Die »Zigarren« in etwas Butterbrotpapier einrollen und mit dem Küchengarn an den Enden wie Bonbons zusammenbinden.

RIESENBOHNEN-PFANNE

mit Rotkohl, Chorizo und Schnittlauchjoghurt

Zubereitungszeit: 30 Minuten

Zutaten für 2 Personen

400 g gegarte weiße Riesenbohnenkerne (aus dem Glas)
½ kleiner Rotkohl
8 kleine Chorizo-Würste
2 EL Olivenöl
Salz
Pfeffer aus der Mühle
1 Msp. Ras el-Hanout (orientalische Gewürzmischung)
Saft von ½ Zitrone
300 ml Gemüsebrühe (Instant)
1 Dose Pizzatomaten (400 g)
½ gebrauchsfertiger Pizzateig (aus dem Kühlfach)
1 Bund Schnittlauch
200 g griechischer Joghurt

Zubereitung

Die Bohnen in einem Sieb mit kaltem Wasser abspülen und abtropfen lassen. Den Rotkohl waschen und in feine Streifen hobeln.

Die Chorizo grob würfeln und in 1 EL Olivenöl in einer großen Pfanne von allen Seiten anbraten. Anschließend herausnehmen.

Den Rotkohl und die Bohnen in derselben Pfanne im Bratfett der Würste bei mittlerer Temperatur 5 Minuten braten. Mit Salz, Pfeffer und Ras el-Hanout würzen. Dann mit Zitronensaft, Gemüsebrühe und Pizzatomaten auffüllen. Die Chorizo wieder zugeben und alles 15–20 Minuten köcheln lassen.

Anschließend den Pizzateig ausrollen und in grobe Stücke schneiden. Die Stücke im restlichen Olivenöl in einer Pfanne knusprig braten.

Den Schnittlauch waschen, trocken schütteln und in feine Röllchen schneiden. Den Joghurt mit dem Schnittlauch verrühren und mit Salz sowie Pfeffer würzen.

Die Bohnenpfanne anrichten. Den Schnittlauchjoghurt darübergeben und alles mit dem Pizzabrot servieren.

HAUSGEMACHTE GEMÜSEBRÜHE-PASTE

Zubereitungszeit: 15 Minuten

Zutaten für 1 Schraubglas à ca. 200 ml

1 große frische Zwiebel
100 g Knollensellerie
2 mittelgroße Karotten
½ Stange Lauch
3 Zweige Thymian
2 Zweige Rosmarin
120 g Meersalz
1 Msp. gemahlener Piment
Pfeffer aus der Mühle

Zubereitung

Die Zwiebel abziehen. Den Sellerie und die Karotten schälen. Die drei Gemüse klein schneiden. Den Lauch der Länge nach halbieren, gründlich waschen und ebenfalls klein schneiden. Die Blätter vom Thymian und die Nadeln vom Rosmarin abzupfen und fein hacken.

Das vorbereitete Gemüse in einen Mixer geben. Die Kräuter, das Meersalz und den Piment hinzufügen und alles zu einer feinen Paste pürieren. Zuletzt mit Pfeffer abschmecken.

Die Paste in ein sterilisiertes Schraubglas abfüllen, verschließen und in den Kühlschrank stellen. Sie hält je nach Bedarf bis zu 2 Monate.

DREIMAL DRESSING

Immer mal ein Dressing im Kühlschrank zu haben ist keine schlechte Idee. Spontaner Besuch? Damit ist man vorbereitet. Die folgenden Dressings sind natürlich auch gute Begleiter für Ihre Salate für unterwegs oder im Büro. Sie halten sich etwa 3–4 Tage im Kühlschrank.

1 Joghurtdressing

Zubereitungszeit: 10 Minuten

Zutaten für 1 Schraubglas à 250 ml

100 g Naturjoghurt
2 EL roter Traubensaft
1 EL Ketchup
100 ml Traubenkernöl
Salz
Pfeffer aus der Mühle

Zubereitung

Den Joghurt mit dem Traubensaft und dem Ketchup in einem hohen Gefäß verrühren. Dann bei laufendem Pürierstab langsam das Öl einfließen lassen und mixen. Zuletzt das Dressing mit Salz und Pfeffer würzen. Das Dressing in ein sterilisiertes Schraubglas abfüllen und kühl stellen.

2 Orangendressing

Zubereitungszeit: 10 Minuten

Zutaten für ca. 2 Schraubgläser à 150 ml

2 unbehandelte Limetten
60 g Softaprikosen
60 g Softdatteln
Saft von 1 Zitrone
Saft und Abrieb von 1 Limette
120 ml Orangensaft
Salz
Pfeffer aus der Mühle
100 ml Olivenöl

Zubereitung

Die Limetten gründlich heiß waschen und die Schale (ohne das Weiß) fein abreiben. Die Aprikosen und Datteln grob schneiden. Mit dem Saft der Zitrone sowie der Limette und dem Orangensaft in ein hohes Gefäß geben. Mit dem Limettenabrieb, Salz und Pfeffer würzen. Alles mit dem Pürierstab fein pürieren. Zuletzt das Olivenöl untermixen. Das Dressing in ein sterilisiertes Schraubglas abfüllen und kühl stellen.

3 Sesam-Soja-Dressing

Zubereitungszeit: 10 Minuten

Zutaten für ca. 200 ml

2 EL Sojasauce
4 EL geröstetes Sesamöl
2 EL Weißweinessig
2 EL Agavendicksaft
Saft von 1 Orange
2 EL gerösteter Sesam
Salz
Pfeffer aus der Muhle

Zubereitung

Alle Zutaten, außer Salz und Pfeffer, in einer Schüssel mit einem Schneebesen verrühren. Zuletzt das Dressing mit Salz und Pfeffer würzen. Das Dressing in ein sterilisiertes Schraubglas abfüllen und kühl stellen.

DREIMAL AUFSTRICH UND DIP

1 Hummus-Dip

Zubereitungszeit: 10 Minuten

Zutaten für 2 Personen

- 480 g gekochte Kichererbsen (aus dem Glas)
- 1 TL Natron
- 2 Knoblauchzehen
- 8 EL Zitronensaft
- 8 EL Olivenöl plus mehr zum Servieren
- 100 g Tahini (Sesampaste)
- 2 TL Kreuzkümmel plus mehr zum Servieren (optional)
- 1 TL Meersalz
- Pfeffer aus der Mühle
- 1 Handvoll frische Petersilie, Minze und Koriander

Zubereitung

Die Kichererbsen mit Wasser abspülen. Die Kichererbsen in einen Topf geben, mit Wasser auffüllen, das Natron hinzufügen und die Kichererbsen 15 Minuten sanft köcheln lassen. Die Kichererbsen abgießen und mit eiskaltem Wasser abspülen.

Den Knoblauch abziehen. Mit Zitronensaft und 4 EL Olivenöl in einem Mixer fein pürieren. Die Kichererbsen, Tahini, Kreuzkümmel und 250 ml kaltes Wasser zugeben und alles zu Hummus pürieren. Zuletzt mit dem Meersalz und Pfeffer würzen. Nach Belieben noch etwas Wasser zugeben.

Die Kräuter waschen, trockentupfen und fein hacken.

Hummus auf einen Teller geben. Mit einem Löffel eine Mulde in das Hummus streichen und etwas Olivenöl in die Mulde träufeln. Die Kräuter darüberstreuen. Das Hummus wahlweise noch mal mit Kreuzkümmel würzen und servieren. Dazu passt Ciabatta.

2 Räuchertofu-Bohnen-Aufstrich mit Majoran

Zubereitungszeit: 15 Minuten

Zutaten 1 Schraubglas (250 ml)

- 1 kleine Zwiebel
- 2 EL Olivenöl
- 2 EL getrockneter Majoran
- 1 TL getrockneter Thymian
- Salz
- Pfeffer aus der Mühle
- 1 TL Honig
- 125 g Kidneybohnen (aus der Dose)
- 150 g geräucherter Tofu
- 1 EL Apfelessig

Zubereitung

Die Zwiebel abziehen, halbieren und in feine Würfel schneiden. 1 EL Olivenöl in einer Pfanne erhitzen und die Zwiebel darin bei mittlerer Temperatur anschwitzen. Majoran, Thymian, etwas Salz und Pfeffer zugeben. Die Zwiebel leicht karamellisieren lassen und den Honig unterrühren.

Die Bohnen in einem Sieb abspülen und abtropfen lassen. Den Tofu grob schneiden.

Alle Zutaten in ein hohes Gefäß geben, 3–4 EL Wasser hinzufügen und mit dem Pürierstab fein mixen. Bei Bedarf noch etwas Wasser zugeben. Zuletzt mit Salz und Pfeffer abschmecken.

Den Aufstrich in ein sterilisiertes Schraubglas umfüllen und fest verschließen. Er ist mindestens 1 Woche im Kühlschrank haltbar.

3 Oliven-Dip mit sonnengetrockneten Tomaten

Zubereitungszeit: 20 Minuten

Zutaten für 1 Schraubglas (250 ml)

- ½ Zwiebel
- 1 Knoblauchzehe
- 1 Zweig Thymian
- 1 Zweig Rosmarin
- 3 EL kalt gepresstes Olivenöl
- 125 ml Rotwein
- 1 TL Honig
- 80 g Kalamata-Oliven (entsteint)
- 100 g sonnengetrocknete Tomaten in Öl (aus dem Glas)
- 1 TL Kapern
- 1 Msp. Chiliflocken
- 2 Sardellen
- 1 EL Balsamicoessig
- Salz
- Pfeffer aus der Mühle

Zubereitung

Zwiebel und Knoblauch abziehen und in feine Würfel schneiden. Thymianblätter und Rosmarinnadeln abzupfen.

1 EL Olivenöl in einem kleinen Topf erhitzen. Knoblauch, Zwiebel und Kräuter darin 2–3 Minuten farblos anschwitzen. Dann mit Rotwein ablöschen und reduzieren/einkochen lassen. Anschließend den Topf vom Herd nehmen.

Alle restlichen Zutaten mit der Reduktion in einen Mixer geben und fein pürieren. Zuletzt mit Salz und Pfeffer würzen.

Den Dip in ein sterilisiertes Schraubglas umfüllen und verschließen.

IM HANDUMDREHEN FERTIG

Es muss mal wieder schnell gehen. Keine Zeit für aufwendige Gerichte. Hier finden Sie Rezepte, die nicht länger als 20 Minuten dauern, und besonders und abwechslungsreich sind. Manchmal glaubt man gar nicht, was alles zusammenpasst und schmeckt und wie schnell man sich ein **gutes Essen selbst zaubern kann.**

PASTA, EI UND SOJA

Meine kleine Geheimwaffe, um schnell ein »kraftvolles Essen« zu kochen. Proteine und Kohlenhydrate, die mich für die langen Nächte auf der Feuerwache stärken und lange satt machen. Die Gefahr des ungesunden Naschens zwischendrin besteht somit kaum.

Zubereitungszeit: 10 Minuten

Zutaten für 2 Personen

250 g vorgegarte Udon-Nudeln
1 Frühlingszwiebel
1 Noriblatt (getrocknete Alge)
3 Eigelb (L)
1 EL Sojasauce
1 EL Teriyaki-Sauce
1 EL gerösteter Sesam
2 EL geröstete Erdnusskerne

Zubereitung

Wasser in einem Topf zum Kochen bringen. Die Nudeln darin in etwa 3 Minuten erhitzen.

Die Frühlingszwiebel waschen, längs halbieren und in feine Streifen schneiden. Das Noriblatt ebenfalls in feine Streifen schneiden.

Das Eigelb in einer großen Pfanne mit der Sojasauce, Teriyaki-Sauce, der Frühlingszwiebel und dem Sesam verrühren. 2–3 EL Nudelwasser abschöpfen und unterrühren.

Die bissfesten Nudeln abgießen und in das Eigemisch geben. Die Masse etwa 1–2 Minuten bei mittlerer Temperatur vorsichtig erwärmen, dabei immer rühren, bis das Eigemisch cremig wird.

Die Pasta in zwei Schalen anrichten. Die Noriblätter und die Erdnüsse darauf verteilen und servieren.

Tipp: Udon-Nudeln gibt es in gut sortierten Supermärkten oder online. Am besten eignen sich die dicken Udon-Nudeln. Sie können auch getrocknete Nudeln verwenden und diese nach Packungsangabe garen.

TAGLIATELLE

mit gegrillter Paprika und Schafskäse

Zubereitungszeit: 15 Minuten

Zutaten für 2 Personen

- 100 g Nusskernmischung
- 250 g frische Tagliatelle (aus dem Kühlregal)
- Salz
- 1 Glas gegrillte Paprikaschoten
- 1 Glas sonnengetrocknete Tomaten in Öl
- 1 EL Balsamicoessig
- Pfeffer aus der Mühle
- 1 Msp. geräuchertes Paprikapulver
- ½ Bund Schnittlauch
- 200 g Schafskäse
- Etwas Basilikum zum Garnieren (optional)

Zubereitung

Die Nüsse ohne Öl in einer Pfanne rösten, bis sie Farbe angenommen haben.

Die Tagliatelle in kochendem Salzwasser nach Packungsangabe in 2–3 Minuten bissfest kochen.

Die gegrillten Paprika in einem Sieb abtropfen lassen. Die Paprika, sonnengetrockneten Tomaten mit dem Öl, Balsamicoessig und etwa 100 ml heißes Pastawasser in einen Mixbecher geben und alles fein pürieren. Mit Salz, Pfeffer und Paprikapulver abschmecken. Die Masse in die Pfanne zu den Nüssen geben. Aufkochen lassen und bei Bedarf noch etwas Pastawasser zugeben, es soll eine saucenartige Konsistenz ergeben.

Den Schnittlauch waschen, trocken schütteln und in feine Röllchen schneiden.

Die bissfesten Tagliatelle abgießen und zu der Sauce geben. Den Schnittlauch hinzufügen, alles verrühren und bei niedriger Temperatur 2 Minuten ziehen lassen.

Den Schafskäse grob würfeln.

Die Tagliatelle auf zwei Teller geben und den Schafskäse gleichmäßig darauf verteilen. Alles nochmals mit Pfeffer würzen und nach Belieben mit Basilikum garniert servieren.

Tipp: Für dieses Rezept eignen sich auch andere Nudelsorten (aus der Frischetheke).

KROSS GEBRATENER OKTOPUS

mit Chorizo und Maispüree

Nur bei dem Gedanken daran, dass ich dieses Rezept aufschreibe, bekomme ich Appetit. Ich liebe gebratenen Oktopus und in der Kombination mit der Chorizo und dem Maispüree werde ich schwach.

Zubereitungszeit: 20 Minuten

Zutaten für 2 Personen

- 120 g Maiskörner (aus der Dose)
- 2 EL Butter
- Salz
- Pfeffer aus der Mühle
- 2 Msp. Chiliflocken
- 1 TL Ras el-Hanout (orientalische Gewürzmischung)
- 2 TL Limettensaft
- 80 ml Milch
- ½ rote Zwiebel
- 1 Tomate
- 2 Stängel Koriander
- 3 EL Olivenöl
- 1 TL Honig
- ½ Bund Schnittlauch
- 200 g Oktopus (gekocht, vakuumiert)
- 2 kleine mittelscharfe Chorizo-Würste
- 60 ml Weißwein

Zubereitung

Den Mais in einem Sieb abspülen und abtropfen lassen. 1 EL Butter in einem Topf zerlassen und den Mais zugeben. Mit Salz, Pfeffer, 1 Msp. Chiliflocken und Ras el-Hanout würzen. Mit 1 TL Limettensaft und der Milch ablöschen. Die Masse bei niedriger Temperatur etwa 10 Minuten köcheln lassen. Anschließend mit dem Pürierstab fein pürieren.

Die Zwiebel abziehen und in feine Streifen schneiden. Die Tomate waschen, vierteln, den Stielansatz herausschneiden. Die Tomate in feine Streifen schneiden. Die Korianderblätter abzupfen und grob hacken. Zwiebel, Tomate und Koriander mit 1 EL Olivenöl und 1 TL Limettensaft marinieren. Zuletzt die Zwiebelmischung mit Honig, etwas Salz und Pfeffer würzen.

Den Schnittlauch waschen, trockentupfen und in feine Röllchen schneiden.

Oktopus-Tentakel und Chorizo in etwa 1–2 cm große Stücke schneiden. Das restliche Olivenöl in einer Pfanne erhitzen und den Oktopus und die Chorizo darin scharf anbraten. Mit Salz und Pfeffer würzen. 1 EL Butter zugeben und mit dem Weißwein ablöschen. Zuletzt den Schnittlauch hinzufügen.

Das Maispüree anrichten und das Oktopus-Chorizo-Ragout daraufgeben. Mit den marinierten Zwiebeln belegen und servieren.

Tipp: Oktopus erhalten Sie gekocht und vakuumiert in der Frischetheke der Discounter und Supermärkte. Oder gekocht und gefroren. Sollten Sie nur frischen Oktopus (ca. 600 g) bekommen, dann einfach in einem großen Topf mit Wasser, 2 Lorbeerblättern, 1 Knoblauchzehe, etwas Salz und Pfefferkörnern bei niedriger Temperatur etwa 2 Stunden köcheln lassen, bis er weich ist.

LACHSWÜRFEL

mit Cornflakes und Sesam-Gurken-Salat

Zubereitungszeit: 15 Minuten

Zutaten für 2 Personen

200 g Lachsfilet ohne Haut
100 g Cornflakes
Salz
Pfeffer aus der Mühle
3 EL Olivenöl
½ Salatgurke
½ Pck. Salatmix (aus der Frischetheke)
3 Stängel Koriander
3 Stängel Minze
1 EL geröstetes Sesamöl
Saft von 1 Limette
1 TL Honig
1 Msp. Chiliflocken
2 EL gerösteter Sesam

Zubereitung

Das Lachsfilet abspülen und trockentupfen. In 2 cm große Würfel schneiden.

Die Cornflakes in eine Schüssel geben und mit den Händen crushen. Die Lachswürfel salzen und pfeffern. Zu den Cornflakes hinzufügen und grob vermischen, sodass der Fisch rundherum gut mit den Cornflakes paniert ist.

2 EL Olivenöl in einer großen Pfanne erhitzen und die Lachswürfel darin bei mittlerer Temperatur etwa 4-5 Minuten von allen Seiten braten, bis sie Farbe angenommen haben. Anschließend herausnehmen und auf Küchenpapier entfetten.

Die Gurke waschen und in feine Scheiben hobeln. Den Salat waschen und trockenschütteln. Die Koriander- und Minzblätter abzupfen und fein hacken. Sesamöl, das restliche Olivenöl, Limettensaft, Honig und Chiliflocken zu einem Dressing verrühren. Die gehackten Kräuter und den Sesam zugeben. Zuletzt das Dressing mit Salz und Pfeffer abschmecken. Die Gurken mit dem Salat damit marinieren.

Den Gurkensalat und auf zwei Tellern anrichten. Die Lachswürfel darauf verteilen und servieren.

WARMER COUSCOUS

mit Roter Bete und Schmand

Schnell, schneller, am schnellsten. 10–12 Minuten und Sie haben ein unglaublich leckeres und gesundes Essen zubereitet, und ihre Küche sieht danach immer noch gut aus. Der Couscous eignet sich übrigens auch wunderbar beim Camping und natürlich als #Mealprep.

Zubereitungszeit: 12 Minuten

Zutaten für 2 Personen

- 120 g Couscous
- 1 EL Butter
- 1 Msp. Currypulver
- 1 TL Ras el-Hanout (orientalische Gewürzmischung)
- 120 g Rote Bete (gekocht, vakuumiert)
- 2 EL Olivenöl
- Saft von ½ Zitrone
- Salz
- Pfeffer aus der Mühle
- 3 EL Röstzwiebeln
- 3 Stängel Petersilie
- 4 EL Schmand

Zubereitung

120 ml Wasser im Wasserkocher zum Kochen bringen. Den Couscous in eine Schüssel geben. Die Butter, Curry und Ras el-Hanout hinzufügen. Das kochende Wasser darübergießen, mit einer Gabel umrühren und die Schüssel mit einem Deckel oder Teller abdecken. Den Couscous 3–5 Minuten quellen lassen.

Die Rote Bete in Würfel schneiden und in eine Schüssel geben. Mit dem Olivenöl und dem Zitronensaft marinieren. Dann mit Salz und Pfeffer würzen.

Den warmen Couscous mit der Roten Bete vermengen. Die Röstzwiebeln unterheben. Zuletzt die Petersilie grob zerzupfen und ebenfalls unterheben.

Alles auf zwei Teller geben. Je 2 EL Schmand darauf verteilen und servieren.

Tipp: Einige Couscous-Sorten benötigen mehr Wasser, achten Sie daher auf die Packungsangabe. Wenn Sie mehr Zeit haben sollten, können Sie Ihren Couscous mit anderen Zutaten verfeinern. Zum Beispiel mit gebratenen Champignons oder Blumenkohlröschen.

KOKOS-MILCHREIS

mit Mango

Mal etwas Süßes für unterwegs ist natürlich erlaubt. Oder auch schön: Als kleine Überraschung nach dem Essen schon mal ein Dessert vorbereitet zu haben. Dieser Milchreis geht immer!

Zubereitungszeit: 15 Minuten

Zutaten für 2 Personen

- 400 ml Kokosmilch
- 100 g Reisflocken
- 1 EL Zucker
- 1 reife Mango
- 6 Blätter Minze (nach Belieben)
- 1 EL geschälte Sonnenblumenkerne (nach Belieben)

Zubereitung

Die Kokosmilch in einem Topf zum Kochen bringen. Die Reisflocken und den Zucker zugeben und 10 Minuten sanft köcheln lassen, dabei gelegentlich umrühren. Dann den Topf vom Herd nehmen und die Reisflocken weitere 5 Minuten quellen lassen.

Die Mango schälen und das Fruchtfleisch in kleine Würfel schneiden. Die Hälfte davon in ein hohes Gefäß geben, 2 EL Wasser hinzufügen und zu einer feinen Sauce pürieren. Das übrige Fruchtfleisch und die Sauce verrühren.

Die Minzblätter fein schneiden.

Die warmen Reisflocken in zwei Schälchen füllen und die Mangomasse darauf verteilen. Die Minze und die Sonnenblumenkerne darüberstreuen und servieren.

Tipp: Reisflocken erhalten Sie in Supermärkten und Drogerien. Wenn Sie mehr Zeit haben sollten, verwenden Sie 180 g Milchreis und 500 ml Kokosmilch.
Diese Süßspeise eignet sich auch wunderbar für unterwegs oder im Büro. #Mealprep

SCHARFE BOHNEN-ERBSEN-PFANNE

mit Erdnüssen

Zubereitungszeit: 15 Minuten

Zutaten für 2 Personen

- 1 Knoblauchzehe
- 1 Zwiebel
- 2 EL Olivenöl
- 1 EL Butter
- 1 TL getrockneter Thymian
- 1 TL Harissa (orientalische Gewürzpaste)
- 150 g grüne Bohnen (TK oder aus der Dose)
- 150 g grüne Erbsen (TK oder aus der Dose)
- 200 g gehackte Tomaten (aus der Dose)
- 200 g frische Kirschtomaten
- 1 Handvoll geröstete Erdnusskerne
- 100 g körniger Frischkäse
- Salz
- Pfeffer aus der Mühle

Zubereitung

Knoblauch und Zwiebel abziehen und in kleine Würfel schneiden. 1 EL Olivenöl und die Butter in einer Pfanne mit dem Knoblauch und der Zwiebel erhitzen. Thymian, Harissa, Bohnen und Erbsen zugeben und mit 50 ml Wasser ablöschen. Die gehackten Tomaten unterrühren und alles 8 Minuten sanft köcheln lassen.

Die Kirschtomaten waschen und vierteln. Die Erdnüsse grob hacken. Beides mit dem Frischkäse und 1 EL Olivenöl verrühren. Zuletzt mit Salz und Pfeffer würzen.

Die Bohnen-Erbsen-Pfanne auf zwei Tellern anrichten, die Frischkäsemischung löffelweise darauf verteilen und servieren.

KNUSPRIGES CIABATTA

mit rotem Pesto, Spiegelei und Bergkäse

Zubereitungszeit: 15 Minuten

Zutaten für 2 Personen

½ Ciabatta-Brot
1 kleiner Römersalat
6 getrocknete Tomaten
60 g Bergkäse
2 EL rotes Pesto (aus dem Glas)
3 EL Olivenöl
1 EL Butter
2 Eier (L)
Salz
Pfeffer aus der Mühle

Zubereitung

Das Ciabatta in Scheiben schneiden. Den Salat waschen, halbieren, vom Strunk befreien und in feine Streifen schneiden. Die getrockneten Tomaten in feine Streifen schneiden. Den Bergkäse ebenfalls in feine Streifen schneiden.

Den Salat, die getrockneten Tomaten und den Bergkäse in eine Schüssel geben. Das Pesto darübergeben und vermengen.

Das Olivenöl in einer Pfanne erhitzen und die Ciabattascheiben darin von beiden Seiten 2–3 Minuten knusprig braten. Die knusprigen Scheiben herausnehmen und beiseitestellen.

Die Butter in die Pfanne geben. Die Eier in die Pfanne schlagen und bei mittlerer Temperatur braten. Mit Salz und Pfeffer würzen.

Das geröstete Brot auf zwei Teller legen. Den Salat darauf verteilen. Je ein Spiegelei darauflegen und servieren.

KROSSE KARTOFFELWÜRFEL

mit Roter Bete und geräucherter Forelle

Zubereitungszeit: 15 Minuten

Zutaten für 2 Personen

300 g kleine Kartoffeln (gekocht, gern vom Vortag)
1 Knolle Rote Bete (gekocht, vakuumiert)
¼ Bund Petersilie
2 EL Olivenöl
Salz
Pfeffer aus der Mühle
1 Msp. geräuchertes Paprikapulver
Saft von ½ Zitrone
1 EL Sahnemeerrettich (aus dem Glas)
2 EL Naturjoghurt
1 Msp. Kreuzkümmel
100 g geräucherte Forellenfilets

Zubereitung

Die Kartoffeln in kleine Würfel schneiden. Die Rote Bete aus der Vakuumverpackung herausnehmen und dabei den Saft auffangen. Die Bete ebenfalls in Würfel schneiden.

Die Petersilie waschen, trockentupfen, die Blätter abzupfen und klein hacken.

Das Olivenöl in einer mittelgroßen Pfanne erhitzen und die Kartoffeln darin in 3–4 Minuten von allen Seiten goldbraun braten. Die Rote Bete zugeben und alles mit Salz, Pfeffer sowie Paprikapulver würzen. Mit dem Zitronensaft und aufgefangenen Rote-Bete-Saft ablöschen. Zuletzt die Petersilie zugeben und alles durchschwenken.

Den Sahnemeerrettich und den Joghurt verrühren. Mit Salz, Pfeffer und Kreuzkümmel würzen und zum Schluss noch einmal abschmecken.

Die Kartoffelwürfel auf zwei Tellern anrichten. Die Forellenfilets grob zerzupfen und gleichmäßig daraufgeben. Mit einem Löffel die Joghurt-Meerrettich-Mischung über den Kartoffeln verteilen und servieren.

Tipp: Wenn Sie mit Roter Bete arbeiten, könnte es zu Verfärbungen kommen. Verwenden Sie daher eine Kochschürze, wenn möglich Einmalhandschuhe und ein extra Schneidebrett.

RESTEKÜCHE – NACHHALTIG LECKER

Wer kennt es nicht: Man kocht zu viel, Unmengen bleiben übrig, was macht man damit? Heutzutage ist Nachhaltigkeit ein wichtiges Thema und ehrlich gesagt haben schon meine Eltern ungern Essen weggeworfen. Aber das muss man auch nicht, es ist erstaunlich, wie man aus »Resten« extrem leckere und dennoch gesunde Mahlzeiten basteln kann. Ich finde es sogar die spannendste Küche überhaupt, man lernt ganz neue Geschmäcker und Kombinationen kennen, die man sonst vielleicht niemals **zusammen serviert hätte.**

KAPÜ-SALAT

mit Lachstatar und Avocado

Kaltes Kartoffelpüree als Salat serviert? Während meiner Zeit in Kanada gab es dies immer wieder als Personalessen. Ursprünglich stammt es aus der südamerikanischen Küche, dort heißt es »Causas«. Also: Wenn Sie mal wieder Kartoffeln übrig haben sollten, dann stampfen Sie sie und machen daraus das folgende Rezept.

Zubereitungszeit: 20 Minuten

Zutaten für 2 Personen

150 g frisches Lachsfilet
3 EL Tigermilch (siehe Rezept »Tigermilch mit Lachsforelle, grünem Spargel und Himbeeren« Seite 46)
1 EL Mayonnaise
Salz
Pfeffer aus der Mühle
½ Bund Schnittlauch
200 g Kartoffeln (gekocht, Reste vom Vortag)
1 EL Butter
2 EL Chilipaste (siehe Tipp zu Rezept »Tigermilch mit Lachsforelle, grünem Spargel und Himbeeren« Seite 46)
2 EL Olivenöl
2 EL Limettensaft
1 reife Avocado
Gartenkresse zum Garnieren

Zubereitung

Das Lachsfilet abspülen, trockentupfen und fein hacken. Von der Tigermilch 1 TL abnehmen und beiseitestellen. Den Rest mit der Mayonnaise verrühren. Die Mischung mit dem Lachs vermengen. Alles mit Salz und Pfeffer würzen und bis zum Anrichten in den Tiefkühler/das Tiefkühlfach stellen.

Den Schnittlauch waschen, trockentupfen und in feine Röllchen schneiden.

Die Kartoffeln vom Vortag mit der Butter in der Mikrowelle oder in einem Topf leicht erwärmen. Dann mit einer Gabel oder Kartoffelpresse stampfen. Die Chilipaste, den Schnittlauch, das Olivenöl und 1 EL Limettensaft zugeben. Zuletzt mit Salz und Pfeffer würzen und alles vermengen.

Die Avocado halbieren, entkernen und das Fruchtfleisch mit einem Löffel herausheben. Das Fruchtfleisch mit einer Gabel zerdrücken. Das Avocadopüree mit Salz und 1 EL Limettensaft abschmecken.

Zum Anrichten das Kartoffelpüree kreisförmig auf zwei Teller verteilen. Das Avocadopüree daraufgeben. Dann das Lachstatar darauf verteilen. Mit der restlichen Tigermilch beträufeln. Alles mit Gartenkresse garnieren und servieren.

Tipp: Mit Süßkartoffel, Sellerie oder Blumenkohl können Sie dieses wunderbare Rezept auch machen.

AQUACOTTA-BROTSUPPE

mit Ei, Pilzen und Bratwurstchips

Die Einwohner im alten Italien haben es uns vorgemacht, nichts wird dort weggeworfen. Während meiner Zeit in Italien sah das Personalessen oft so aus: Alles, was übrig war, wurde einmal aufgekocht, Olivenöl und Parmesan hinzugefügt und das harte Brot vom Vortag damit übergossen, ein Glas Chianti dazu –und es schmeckte einfach köstlich. Ich möchte Ihnen hier nur eine Idee für ein solches Resteverwertungsrezept mitgeben, ansonsten können Sie einfach kreativ sein und es variieren.

Zubereitungszeit: 20 Minuten

Zutaten für 2 Personen

- 1 Zwiebel
- 1 Karotte
- 120 g Kartoffeln (gekocht, Reste vom Vortag)
- 3 EL Olivenöl
- Salz
- Pfeffer aus der Mühle
- 1 Msp. Chiliflocken
- 80 g Erbsen (TK)
- 100 g gehackte Tomaten (aus der Dose)
- 300 ml Bio-Gemüsebrühe (Instant)
- 100 g Champignons
- 1 Handvoll frische Kräuter (Thymian, Rosmarin, Basilikum, Petersilie)
- 2 Eier (L)
- 60 g frischer Parmesan (am Stück)
- 1 Bratwurst
- 1 EL Butter
- 4 Schreiben Ciabatta-Brot (Reste vom Vortag)

Zubereitung

Die Zwiebel abziehen und in kleine Würfel schneiden. Die Karotte schälen, der Länge nach halbieren und dünne Scheiben schneiden. Die Kartoffeln in grobe Stücke schneiden.

1 EL Olivenöl in einer großen Pfanne erhitzen und die Zwiebel, Karotte und Kartoffeln darin anbraten. Mit Salz, Pfeffer und Chiliflocken würzen. Die Erbsen hinzufügen. Mit den gehackten Tomaten und der Gemüsebrühe auffüllen. Die Suppe etwa 10 Minuten sanft köcheln lassen.

Die Champignons sauber reiben, putzen und in dünne Scheiben schneiden. Die Kräuter waschen, trockentupfen und fein hacken. Pilze und Kräuter unter die Suppe rühren.

Die Eier jeweils einzeln in eine kleine Schüssel aufschlagen und langsam, in Abstand voneinander in die Suppe gleiten lassen. Die Pfanne abdecken und alles etwa 3 Minuten weiter köcheln lassen, bis das Eiweiß gestockt und das Eigelb etwas flüssig ist. Die Suppe nochmals mit Salz und Pfeffer würzen.

Den Parmesan grob reiben. Die Bratwurst in feine Scheiben schneiden. Die Butter in einer Pfanne erhitzen. Die Wurst darin kross anbraten.

Zum Anrichten jeweils zwei Scheiben Ciabatta in tiefe Teller legen. Je eine Schöpfkelle der Gemüsesuppe vorsichtig dazugeben, dabei die Flüssigkeit seitlich in die Teller fließen lassen. Je ein Ei obenauf setzen. Den Parmesan und jeweils 1 EL Olivenöl über die heiße Suppe geben. Zuletzt alles noch mal mit Pfeffer würzen und servieren.

Tipp: Ob Blumenkohl, Brokkoli, Kohlrabi, ob Wurst, Fleisch oder Fisch, Sie können wirklich alles in diese Suppe geben. Anstelle von Parmesan können Sie auch Emmentaler oder Schafskäse verwenden. Es gibt kaum ein anderes Gericht, das Ihnen diese Möglichkeit der Resteverwertung bietet.

KNUSPRIGES BOLOGNESE-GRATIN

mit Joghurtsauce

Spaghetti bolognese sind sehr beliebt in jeder Küche. Aber wenn doch mal etwas davon übrig bleiben sollte, kann man es entweder einfrieren oder gleich in dem folgenden Gericht wiederverwenden. Dieses Rezept eignet sich wunderbar, um noch weiteres Gemüse schnell klein zu schneiden und mit unter das Ragout zu geben. Oder sollten Sie Gulasch oder Geschnetzeltes übrig haben, dann frieren Sie alles ein, und wenn genügend im Tiefkühler sein sollte, dann verwenden Sie es. Wir wollen schließlich kein Essen wegwerfen und nachhaltiger leben.

Zubereitungszeit: 40 Minuten

Zutaten für 2 Personen

300 ml Bolognese-Ragout (Reste vom Vortag)
70 g Fetakäse
2 EL Olivenöl
1 Filoteig (ca. 200 g)
100 g Crème fraîche
50 g Mandelblättchen
6 Blätter Minze
100 g griechischer Joghurt
1 Msp. Chiliflocken
Salz
Pfeffer aus der Mühle

Zubereitung

Den Backofen auf 180 °C Ober-/Unterhitze vorheizen.

Das Bolognese-Ragout mit 3 EL Wasser noch mal vorsichtig erwärmen und kurz aufkochen lassen.

Den Fetakäse grob zerbröseln.

Eine kleine Auflaufform mit etwas Olivenöl einfetten. 3–4 Platten Filoteig überlappend in die Form legen, sodass der Teig über den Rand hinaushängt. Die heiße Bolognese hineingeben und löffelweise Crème fraîche dazwischensetzen. Den restlichen Filoteig darauflegen und die überhängenden Ränder zuklappen. Den Filoteig mit dem restlichen Olivenöl bestreichen und den Fetakäse gleichmäßig darauf verteilen. Das Gratin im vorgeheizten Ofen etwa 30 Minuten backen, bis die Oberfläche knusprig ist.

Die Mandelblättchen ohne Öl in einer Pfanne rösten, bis sie Farbe angenommen haben. Dann herausnehmen und abkühlen lassen. Die Minze klein hacken. Beides mit dem Joghurt und den Chiliflocken verrühren. Zuletzt die Sauce mit Salz und Pfeffer abschmecken.

Das Gratin herausnehmen und auf Tellern anrichten. Mit der Sauce beträufeln und servieren.

Tipp: Eine vegetarische Variante wäre mit einer Caponata auch möglich.

GRATINIERTE KLÖSSE

mit Rotkohl und Maronen

Die Weihnachtstage sind vorbei, Familie und Freunde abgereist, die Wohnung oder das Haus wieder leer, und es ist eine Menge über vom Festtagsessen: Noch mal aufgewärmt, ein paar Kleinigkeiten dazu, und schon sind die Reste köstlich weiterverarbeitet worden. Hier stelle ich Ihnen eine vegetarische Variante vor und gleich danach eine für übrig gebliebenen Entenbraten.

Zubereitungszeit: 30 Minuten

Zutaten für 2 Personen

2 gegarte Klöße (Reste vom Vortag)
½ Pck. Maronen (gegart, vakuumiert)
2 EL Butter
120 g gegarter Rotkohl (vom Vortag oder aus dem Glas)
80 ml Apfelsaft
200 g Crème fraîche
Salz
Pfeffer aus der Mühle
100 g Blauschimmelkäse

Zubereitung

Den Backofen auf 200 °C Ober-/Unterhitze vorheizen.

Die Klöße in grobe Würfel schneiden. Die Maronen in einer Pfanne in der Butter 2–3 Minuten braten, bis sie Farbe angenommen haben. Anschließend die Kloßwürfel zugeben und weitere 2 Minuten mitbraten.

Dann den Rotkohl hinzufügen. Mit dem Apfelsaft ablöschen und 2–3 Minuten sanft köcheln lassen. Danach die Crème fraîche unterrühren und mit Salz sowie Pfeffer würzen.

Die Masse in eine Auflaufform umfüllen. Den Blauschimmelkäse scheibenweise darüber verteilen. Den Auflauf im vorgeheizten Ofen 15 Minuten backen.

Anschließend den Auflauf herausnehmen, auf zwei Teller verteilen und servieren.

Tipp: Sollten Sie noch Fleisch übrig haben, schneiden oder zupfen Sie es etwas klein und schwenken Sie es mit unter. Wenn noch leckere Sauce übrig sein sollte, erhitzen Sie diese und geben Sie sie beim Servieren über Ihren Auflauf.
Falls Sie Blauschimmelkäse nicht mögen, nehmen Sie stattdessen Parmesan oder Cheddar. #Mealprep

WRAPS

mit Enten, Spitzkohl und Preiselbeeren

Zubereitungszeit: 20 Minuten

Zutaten für 2 Wraps

4 EL Entenfleisch (Reste vom Weihnachtsbraten)
¼ Spitzkohl
½ Apfel
1 EL Weißweinessig
1 EL Olivenöl
3 EL Joghurt
Salz
Pfeffer aus der Mühle
2 Wraps
3 Preiselbeerkonfitüre
3 EL Röstzwiebeln

Zubereitung

Das Entenfleisch klein zupfen und mit 2 EL Wasser (oder falls vorhanden: restlicher Sauce) erwärmen.

Den Spitzkohl waschen und in feine Streifen schneiden. Den Apfel waschen, vierteln, entkernen und raspeln. Weißweinessig, Olivenöl und Joghurt verrühren. Die Mischung mit dem Spitzkohl und dem Apfel gründlich vermengen. Mit Salz und Pfeffer würzen.

Die Wraps ohne Öl in einer Pfanne kurz erwärmen. Dann zunächst mit der Spitzkohl-Apfel-Masse bestreichen. Anschließend die Preiselbeeren und das Entenfleisch darauf verteilen. Zuletzt die Röstzwiebeln darübergeben. Die Wraps seitlich einklappen und danach straff aufrollen. Die Wraps noch mal in der Pfanne kurz von allen Seiten rösten.

Zum Anrichten die Wraps schräg einschneiden und halbieren.

Tipp: Sollten Sie kein Entenfleisch vom Weihnachtsbraten übrig haben, schneiden Sie eine frische Entenbrust ohne Haut in dünne Streifen und braten diese mit 1 EL Olivenöl kross an. Würzen Sie sie mit Salz sowie Pfeffer und rühren Sie die Preiselbeeren mit unter.
Die Wraps können Sie aber auch in vielen anderen Varianten zubereiten.

TORTILLA

mit Kartoffeln, Pilzen und Spitzkohl

Am Vorabend gekocht, und nun ist von allem noch etwas da. Kein Problem, Backofen anschalten, sämtliche Zutaten klein schneiden, Eier aufschlagen, alles in eine Pfanne geben und wenige Minuten später gibt es Erinnerungen an den gestrigen Tag in neuer Variante auf dem Tisch.

Zubereitungszeit: 30 Minuten

Zutaten für 2 Personen

- 3 Kartoffeln (gekocht, Reste vom Vortag)
- 100 g kleine Champignons
- ¼ Spitzkohl
- 4 Kirschtomaten
- 2 Scheiben Brot (Reste vom Vortag)
- 2 Scheiben Bauchspeck
- 2 EL Olivenöl
- 1 EL Butter
- Salz
- Pfeffer aus der Mühle
- 1 Handvoll Rucola
- 3 Eier
- 50 ml Milch
- 80 g Bergkäse

Zubereitung

Den Backofen auf 180 °C Ober-/Unterhitze vorheizen.

Die Kartoffeln grob schneiden. Die Champignons sauber reiben, putzen und vierteln. Den Spitzkohl waschen und in Streifen schneiden. Die Tomaten waschen und halbieren. Das Brot würfeln. Den Bauchspeck in dünne Streifen schneiden. Das Öl und die Butter in einer beschichteten ofenfesten Pfanne erhitzen und die vorbereiteten Zutaten darin anbraten. Zuletzt alles mit Salz und Pfeffer würzen.

Den Rucola waschen und trockenschütteln. Die Eier in eine Schüssel aufschlagen. Die Milch zugeben und verrühren. Das Ei-Milch-Gemisch in die Pfanne gießen, die Temperatur reduzieren und die Eier etwa 2–3 Minuten stocken lassen. Den Rucola in die Eimasse legen. Den Bergkäse reiben und darüberstreuen.

Die Pfanne in den vorgeheizten Ofen geben und die Frittata etwa 15–18 Minuten backen.

Anschließend herausnehmen. Die Frittata auf ein Schneidebrett oder großen Teller gleiten lassen und servieren.

WURSTGULASCH-PIE

mit Kartoffel-Bohnen-Stampf

Pie – das heißt in der Regel, unter einer Teigdecke geschmort oder gebacken. Ob herzhaft oder süß, alles ist erlaubt. »ETW mit Wurstgulasch« also »EierTeigWaren« mit gebratener Jagdwurst in Tomatensauce ist ein Klassiker auf Feuerwachen, auch bei uns. Bleibt was übrig, wird es eingefroren. Kartoffeln werden ebenfalls oft gegessen und Reste davon später für dieses Gericht einfach mit verwendet.

Zubereitungszeit: 30 Minuten

Zutaten für 2 Personen

- 250 g gegarte Kartoffeln (vom Vortag, alternativ 300 g Kartoffeln)
- Salz
- 1 Zwiebel
- 130 g Jagdwurst (am Stück)
- 6 EL Butter
- 2 EL Tomatenmark
- ½ EL Weizenmehl
- 1 TL Honig
- 150 g süße Sahne
- 250 g passierte Tomaten
- Pfeffer aus der Mühle
- 200 g weiße Bohnen (aus der Dose)
- 1 Msp. Currypulver
- 120 ml Milch
- 60 g Parmesan (am Stück)
- 1 Msp. gemahlene Muskatnuss

Tipp: Gut verschlossen in einem Schraubglas, ist dieses Frühstück auch ideal als #Mealprep für unterwegs.

Zubereitung

Falls ungegarte Kartoffeln verwendet werden, diese Kartoffeln waschen und schälen, grob schneiden und in kochendem Salzwasser in 20–25 Minuten weich garen.

Die Zwiebel abziehen, halbieren und in kleine Würfel schneiden. Die Jagdwurst in 1 × 1 cm große Würfel schneiden. 2 EL Butter in einer Pfanne zerlassen und die Zwiebel mit der Jagdwurst darin anbraten. Das Tomatenmark einrühren und mit anrösten. Das Mehl und den Honig unterrühren. Mit der Sahne und passierten Tomaten ablöschen. Zuletzt das Gulasch mit Salz und Pfeffer würzen. 15 Minuten sanft köcheln lassen.

Den Backofen auf 220°C Ober-/Unterhitze vorheizen.

Die Bohnen in einem Sieb mit kaltem Wasser abspülen und abtropfen lassen. 2 EL Butter in einer Pfanne zerlassen, das Currypulver hineinrühren und die Bohnen darin bei mittlerer Temperatur 3 Minuten braten. Anschließend mit Salz und Pfeffer würzen. Mit der Milch ablöschen. Das Bohnen-Milch-Gemisch in ein hohes Gefäß geben und mit dem Pürierstab fein pürieren.

Den Parmesan grob reiben.

Die fertig gegarten Kartoffeln abgießen und ausdampfen lassen. Dann mit einem Kartoffelstampfer zerdrücken. 2 EL Butter, Muskatnuss und das warme Bohnenpüree unterheben. Die Masse mit Salz abschmecken. Das Wurstgulasch in eine Auflaufform füllen und das Kartoffel-Bohnen-Püree daraufsetzen. Alles mit dem Parmesan bestreuen. Den Pie im vorgeheizten Ofen in etwa 20 Minuten goldbraun backen.

Den Pie herausnehmen, auf Tellern anrichten und servieren.

KÜRBISCREME-SPAGHETTI

mit Tofu-Mandel-Crunch

Zubereitungszeit: 15 Minuten

Zutaten für 2 Personen

200 g Spaghetti
Salz
1 Frühlingszwiebel
120 g Räuchertofu
1 EL Olivenöl
4 EL gehackte Mandelkerne
1 EL Butter
1 EL Zucker
200 ml Kürbissuppe (Reste; siehe Rezept »Kokos-Kürbissuppe mit Ingwer« Seite 84)
Pfeffer aus der Mühle

Zubereitung

Die Spaghetti in Salzwasser bissfest kochen.

Die Frühlingszwiebel waschen und in feine Ringe schneiden. Den grünen Teil der Frühlingszwiebel beiseitestellen.

Für den Crunch den Tofu in kleine Würfel schneiden. Das Olivenöl in einer Pfanne vorsichtig erhitzen und die Frühlingszwiebel, den Tofu und die Mandeln darin etwa 2–3 Minuten braten. Die Butter und den Zucker zugeben und bei mittlerer Temperatur weitere 2 Minuten karamellisieren lassen.

Die Kürbissuppe in einer großen Pfanne erhitzen und 3 EL vom heißen Pastawasser zugeben. Die Spaghetti mit einer Küchenzange aus dem Topf in die Pfanne geben und gut durchschwenken. Bei Bedarf noch etwas Pastawasser hinzufügen. Zuletzt alles mit Salz und Pfeffer abschmecken.

Die Spaghetti auf zwei Tellern anrichten und den Tofu-Mandel-Crunch darauf verteilen. Mit dem beiseitegelegten Frühlingzwiebelgrün garnieren und servieren.

Tipp: Sollten Sie keine Kürbissuppe mehr übrig haben, verwenden Sie 300 g Hokkaido-Kürbis, schneiden ihn in kleine Würfel, braten ihn mit 1 EL Butter an und löschen alles mit 100 g süßer Sahne und 100 ml Gemüsebrühe (Instant) ab. Mit Salz, Pfeffer und 1 Spritzer Zitronensaft abschmecken und 10 Minuten sanft köcheln lassen. Die fertigen Spaghetti dann einfach zugeben und durchschwenken.

NOTFALLSNACKS FÜR DIE NACHT

Oft genug liegen Chips, Schokoriegel und Cola für all diejenigen bereit, die wie ich auch mal nachts arbeiten müssen, um sich wach zu halten. Leider ist der viel zu hohe Zuckergehalt auf Dauer kein guter Begleiter. Nur wer ausgeschlafen und gut ernährt durch die Nacht kommt, lebt ausgeglichen und gesünder. Hier einige Ideen, um abseits von Süßem sowie Döner und Bockwurst ernährungsphysiologisch die schweren Stunden zu überstehen. Seit 17 Jahren bin ich nun Feuerwehrmann und Notfallsanitäter. Mit einer gewissen Disziplin und – kulinarischen – Vorbereitung auf die Nacht fühle ich mich nach wie vor topfit. Dazu haben auch die folgenden Rezepte beigetragen.

KNUSPER-PAUSENRIEGEL

Zubereitungszeit: 10 Minuten + Backzeit 40 Minuten

Zutaten für 18–20 Riegel

320 g feine Haferflocken
280 ml ungesüßte Mandelmilch
160 g Nussmus (Mandel, Cashew)
160 g gemahlene Mandelkerne
160 g kernige Haferflocken
1 EL Agavendicksaft
Salz

Zubereitung

Den Backofen auf 180 °C Umluft vorheizen.

Die feinen Haferflocken in ein hohes Gefäß geben und fein mixen.

Die Mandelmilch etwas erwärmen und das Nussmus mit einem Schneebesen einrühren. Mandeln, kernige Haferflocken, Agavendicksaft und 1 TL Salz zugeben und gut zu einer Teigmasse vermischen.

Zwei Backbleche mit Backpapier auslegen und die Masse darauf etwa 1,5 cm dick glatt verstreichen. Die Masse in etwa 20–25 Minuten goldbraun backen. Nach etwa der Hälfte der Backzeit die Bleche tauschen.

Die Bleche herausnehmen. Mit einem Messer die Masse in Riegel schneiden und die Riegel anschließend abkühlen lassen.

Gut verpackt, halten die Riegel etwa 1 Woche.

Tipp: Quark, Hummus, Pesto oder Guacamole sind optimale Begleiter für diesen »Notfallsnack«.

NUSS-CRACKER UND KRÄUTER-CRACKER

Vorbei mit ungesunden fetten Chips! Hier ist die ultimative Allzweckwaffe dagegen. Wollen Sie sich beliebt machen bei Ihren Kollegen, dann sollten Sie in jedem Fall dieses Rezept backen. Aber auch für die Kinder in der Schule oder als kleine Zwischenmahlzeit mit einem leckeren Dip sind die Cracker gut geeignet. Gleich eine große Menge davon hergestellt und in Gläser umgefüllt, können Sie sie auch auf das Frühstück oder den Salat bröseln.

Zubereitungszeit: 10 Minuten + Backzeit 60–70 Minuten

Zutaten für 8 Cracker

Für die Nuss-Cracker

80 g gemahlene Haselnusskerne
60 g feine Haferflocken
60 g Sonnenblumenkerne
50 g Leinsamen
2 TL Rohrzucker
1 Prise Meersalz

Für die Kräuter-Cracker

60 g gemahlene Mandelkerne
60 g Sonnenblumenkerne
60 g Hanfsamen
60 g geschroteter Leinsamen
2 TL Rohrzucker
2 TL fein gehackter frischer Rosmarin
2 TL fein gehackter frischer Thymian

Zubereitung

Den Backofen auf 150 °C Umluft vorheizen.

Für die unterschiedlichen Cracker jeweils alle Zutaten in einer Schüssel vermengen.

Jeweils 175 ml handwarmes Wasser zugeben und verrühren. Die beiden Teigmassen jeweils bis zur Hälfte auf ein mit Backpapier ausgelegtes Backblech legen und glatt streichen. Die Cracker im vorgeheizten Ofen in etwa 60–70 Minuten goldbraun backen.

Anschließend das Blech herausnehmen und die Cracker abkühlen lassen. Dann in Wunschgröße brechen und servieren.

Tipp: Die Cracker mit Hummus, Guacamole oder Marmelade servieren.

LIMETTEN-KOKOS-»NOTFALL«-PRALINEN

Zubereitungszeit: 20 Minuten

Zutaten für 20 Kugeln

1 Vanilleschote
2 unbehandelte Limetten
80 g gemahlene Mandelkerne
14 Medjool-Datteln (ohne Kern)
80 g Chiasamen
80 g feine Haferflocken
120 g Kokosraspel
240 g Cashewmus
½ TL Meersalz

Zubereitung

Die Vanilleschote längs halbieren und das Vanillemark herauskratzen. Die Limetten gründlich heiß waschen und die Schale fein abreiben. Die Limetten halbieren und auspressen. Die Datteln grob schneiden.

Alle Zutaten außer Limettenabrieb und -saft in einen Standmixer geben. Dann erst 1 Msp. Limettenabrieb und etwa 4 EL Limettensaft hinzufügen und alles auf höchster Stufe etwa 2–3 Minuten fein pürieren.

Aus der Püreemasse kleine »Notfall«-Pralinen formen und kalt stellen. Abgedeckt im Kühlschrank, sind sie etwa 8–10 Tage, im Tiefkühler bis zu 3 Monate haltbar.

MEIN »FIT WIE DIE FEUERWEHR«-BIRCHER-MÜSLI

Schon vor 150 Jahren hat Herr Bircher gewusst, dass ein Müsli eine gesunde, kräftige und leckere Kreation sein muss. Und er hat recht behalten, der Schweizer Arzt. Heute ist das nach ihm benannte Müsli ein Klassiker, der wohlbekannt ist. In unzähligen Varianten serviert und immer wieder lecker! Das folgende Rezept dazu können Sie sofort servieren oder, so wie ich es mache, zu Hause vorbereiten und als »Notfallsnack to go« dabei haben. # Mealprep

Zubereitungszeit: 10 Minuten

Zutaten für 2 Schüsseln

2 reife Bananen
100 g frische Himbeeren
100 g frische Brombeeren
4 Softaprikosen
200 ml ungesüßte Mandelmilch
2 EL Mandelmus
2 EL Agavendicksaft
130 g kernige Haferflocken
Salz
½ EL Zimtpulver
2 EL Kokosjoghurt

Zubereitung

Die Bananen schälen, eine Banane in Scheiben schneiden und zum Garnieren beiseitelegen. Die Beeren waschen, trockentupfen und je vier Himbeeren und Brombeeren ebenso beiseitestellen.

Die andere Banane mit einer Gabel zerdrücken. Die Softaprikosen klein schneiden. Die Mandelmilch, das Mandelmus, den Agavendicksaft, 1 Prise Salz und den Zimt in einer Schüssel verrühren. Beeren, Banane, Softaprikosen und Haferflocken zugeben.

Die Mischung in zwei großen Bowls anrichten. Mit den Beeren, Bananenscheiben sowie dem Kokosjoghurt toppen und servieren.

NACHT(SCHICHT)-SALAT

mit Joghurtcreme und Granatapfel

Zubereitungszeit: 20 Minuten

Zutaten für 2 Personen

3 Eier (L)
2 Salatherzen (z. B. Romanasalat)
80 g Parmesan
½ reife Mango
200 g gekochte Hühnerbrust (in Scheiben)
80 g Kichererbsen (aus dem Glas)
80 g Maiskörner (aus der Dose)
½ Granatapfel
2 EL griechischer Joghurt
2 EL Balsamicoessig
1 TL flüssiger Honig
1 TL geräuchertes Paprikapulver
2 EL süße Chilisauce
Salz
Pfeffer aus der Mühle
½ Bund Schnittlauch
100 g geräucherte Forellenfilets

Zubereitung

Die Eier in 8 Minuten hart kochen. Anschließend abgießen und abschrecken.

Die Salatherzen halbieren, waschen und trockenschütteln, den Strunk keilförmig herausschneiden und den Salat in feine Streifen schneiden. Den Parmesan fein reiben. Die Mango schälen, halbieren und in kleine Würfel schneiden. Die Hühnerbrust in Streifen schneiden. Die Kichererbsen und Maiskörner in einem Sieb mit kalten Wasser gründlich abspülen und abtropfen lassen. Den Granatapfel halbieren und aus beiden Hälften die Kerne herauslösen.

Salatherzen, Hühnerbrust, Kichererbsen, Mais und Mango schichtweise in eine Schüssel einfüllen. Dann die Granatapfelkerne daraufstreuen.

Joghurt, Essig, Honig, Paprikapulver, Chilisauce mit etwas Salz und Pfeffer verrühren. Den Schnittlauch waschen, trockentupfen, in feine Röhrchen schneiden und diese unter die Joghurtcreme rühren. Dann die Creme über den Salat träufeln.

Die Forellenfilets klein zupfen. Die Eier pellen und nach Belieben halbieren oder vierteln. Beides auf den Salat geben. Alles mit dem Parmesan bestreuen und servieren. (Die Schichten des Salats sind auf dem Foodfoto auf Seite 15 zu sehen.)

GRAUBROT

mit Mortadella und Thunfischcreme

Der Hunger kommt still und heimlich, und Sie haben nichts mehr im Kühlschrank, oder Sie müssen schnell zum Dienst und haben noch nichts zu essen vorbereitet. Dann eignet sich dieses Rezept ziemlich gut, um den Notfall abzuwenden. Natürlich lässt sich das Gericht auch gut vorbereiten. #Mealprep

Zubereitungszeit: 10 Minuten

Zutaten für 4 Personen

4 Scheiben Graubrot
½ Bund Schnittlauch
1 Dose Thunfisch im eigenen Saft
3 EL Naturjoghurt
Salz
Pfeffer aus der Mühle
1 Apfel
8 Scheiben Mortadella

Zubereitung

Die Graubrotscheiben toasten.

Den Schnittlauch waschen, trocken tupfen und in feine Röllchen schneiden. Den Thunfisch abtropfen lassen und mit einer Gabel zerdrücken. Den Joghurt, den Thunfisch sowie den Schnittlauch in einer Schüssel zu einer Creme verrühren. Zuletzt mit Salz und Pfeffer würzen.

Den Apfel waschen, halbieren, das Kerngehäuse herausschneiden und den Apfel in feine Scheiben schneiden.

Die Brotscheiben mit der Thunfischcreme bestreichen und die Apfelscheiben darauflegen. Alles mit der Mortadella belegen und servieren.

Tipp: Anstelle des Graubrotes können Sie auch Baguette, Toastis oder Vollkornbrot verwenden. Sollte Mortadella nicht vorrätig sein, schmeckt das Gericht auch mit Fleischwurst oder einer scharfen Salami.

FÜNF-MINUTEN-TERRINE –

die schnellste Gemüsesuppe

Mitten in der Nacht eine heiße Suppe: Zu Hause vorbereiten und einfach mitnehmen. Dann nur noch Wasser mit dem Wasserkocher erhitzen, die vorbereitete Suppe damit auffüllen, kurz ziehen lassen und genießen. Der Hunger ist gestillt.

Zubereitungszeit: 10 Minuten Vorbereitungszeit + Ziehzeit 5 Minuten

Zutaten für 2 Personen

6 Champignons
1 mittelgroße Karotte
½ Kohlrabi
2 Stangen grüner Spargel
1 Frühlingszwiebel
100 g Konjak-Nudeln
2 EL hausgemachte Gemüsebrühe-Paste (siehe Rezept »Hausgemachte Gemüsebrühe-Paste« Seite 93)
2 EL Sojasauce

Zubereitung

Die Champignons sauber reiben und putzen. Die Karotte und den Kohlrabi schälen und grob raspeln. Den grünen Spargel waschen, etwa 2 cm vom Strunk abschneiden und die Stangen anschließend in dünne Scheiben schneiden. Die Frühlingszwiebel waschen, putzen und in dünne Scheiben schneiden. Die Champignons ebenfalls in dünne Scheiben schneiden.

Die vorbereiteten Zutaten in zwei große Schraubgläser geben. Die Konjak-Nudeln darauf verteilen. Je 1 EL Gemüsepaste und Sojasauce zugeben.

Zum Servieren die Gläser mit je 400 ml heißem Wasser auffüllen, umrühren und verschließen. Die Suppe 5 Minuten ziehen lassen und genießen.

MEDITERRANES CHILI-POPCORN

mit Orange

Zubereitungszeit: 10 Minuten

Zutaten für 2 Personen

- 1 Zweig Rosmarin
- 2 Zweige Thymian
- 1 unbehandelte Orange
- 1 TL Meersalz
- 1 Msp. Chiliflocken
- 1 EL Olivenöl
- 60 g Popcornmais
- 1 TL Balsamicosirup

Zubereitung

Die Nadeln vom Rosmarin und die Blättchen vom Thymian abzupfen und fein hacken. Die Orange heiß waschen und die Schale fein abreiben. Meersalz, Chiliflocken, Kräuter und Abrieb der Orange vermengen.

Das Olivenöl in einem mittelgroßen Topf vorsichtig erhitzen. Den Mais zugeben und den Deckel aufsetzen. Die Maiskörner bei mittlerer Temperatur aufplatzen lassen.

Anschließend die fertigen Popcorn mit dem Kräuter-Orangen-Salz würzen. Mit dem Balsamicosirup beträufeln und servieren.

LEBKUCHEN-APFEL-KÄSEKUCHEN-LECKERMÄULCHEN

Dies ist »Mein Wolf im Schafspelz«, und damit bricht bei mir die Weihnachtszeit an. Naschen ist da natürlich auch erlaubt, vor allem nachts braucht das unsere Seele gelegentlich. Also ran an das leckere Dessert für zwischendurch oder mal schnell als Nachspeise nach einem gelungenen Hauptgang. Mit dem Milchschaum vom Aufschäumer der Kaffeemaschine ist der »Schafspelz« perfekt.

Zubereitungszeit: 5 Minuten

Zutaten für 2 Personen

1 Apfel
2 Lebkuchen
1 Käsekuchen-Leckermäulchen (Quarkspeise)
4 EL warmer Milchschaum
1 Msp. Zimtpulver

Zubereitung

Den Apfel waschen, vierteln, das Kerngehäuse herausschneiden und den Apfel in kleine Würfel schneiden. Die Lebkuchen in Würfel schneiden. Leckermäulchen aufrühren.

Zum Anrichten zwei Gläser schichtweiße mit Apfelwürfeln, Lebkuchenwürfeln und Leckermäulchen füllen. Jeweils 2 EL warmen Milchschaum daraufgeben.

Das Dessert mit dem Zimt garnieren und servieren.

Tipp: Diese kleine Nascherei lässt sich mit sämtlichen Kekssorten oder Joghurtvarianten servieren.

HEISSE SCHOKOLADE

Es ist 3 Uhr nachts, und Sie sehnen sich nach Ihrem Bett, aber das lässt noch auf sich warten. Die Wunderwaffe muss her: Diese heiße Schokolade mit etwas Vanille und Zimt wird die Müdigkeit verfliegen lassen.

Zubereitungszeit: 5 Minuten

Zutaten für 2 große Tassen

480 ml Hafermilch
5 TL ungesüßtes Kakaopulver
3 softgetrocknete Datteln
2 EL Mandelmus
1 TL Vanillepaste
1 Prise Salz
1 TL Zimtpulver
2 EL Soja-Sprühsahne

Zubereitung

Hafermilch, Kakaopulver, Datteln, Mandelmus, Vanillepaste mit 1 Prise Salz in ein hohes Gefäß geben. Dann ½ TL Zimt hinzufügen und alles mit dem Pürierstab fein pürieren.

Die pürierte Mischung in einem Topf vorsichtig erhitzen und umrühren. 1–2 Minuten sanft köcheln lassen.

Anschließend in zwei Tassen füllen. Mit der Soja-Sprühsahne garnieren, je 1 Msp. vom restlichen Zimt darübergeben und servieren.

Tipp: Statt Datteln können Sie 1 EL Ahornsirup verwenden.

REGISTER

ÜBER DEN AUTOR

Jörg Färber machte seine Ausbildung zum Koch in Leipzig. Nach dem Mauerfall reiste er – ohne ein Wort italienisch zu sprechen – in die Toskana, um in einem Zwei-Sterne-Restaurant zu arbeiten. Es folgten Stationen in Mallorca, Kanada, Hawaii …

Zurück in Leipzig begann er mit 28 eine Ausbildung bei der Feuerwehr. Heute ist er Feuerwehrmann und Notfallsanitäter. Als wettkampf-erprobter Schwimmer weiß er zudem, wie wichtig die Ernährung für die Fitness ist.

Dem TV-Publikum ist er aus »mdr um 4« bekannt, 2021 konzipierte und moderierte er die mdr-Aktion #fitwiediefeuerwehr.

DANK

Danke, dass Sie dieses Buch gekauft haben.

Eine wunderbare und aufregende Zeit liegt hinter mir. Nun ist mein Traum Wirklichkeit geworden, meine Berufung und meine Leidenschaft in einem Buch zusammenzuführen: Meine Berufung und mein Privileg, helfen zu dürfen, vereint mit meiner Leidenschaft für das Kochen. Das sind die Grundelemente meines Lebens.

Eine weiteres, ja das bedeutendste und wichtigste Grundelement meines Lebens ist die Familie. Und hier, an dieser Stelle, sende ich ein großes Lächeln an meine unglaublich tolle Frau und an meine großen Mädels. Die eine, die gerne backt, und die andere, die gerne nascht. Und natürlich an meinen kleinen Assistenzkoch und »Allesesser«. Sie alle geben mir die Kraft, den Beruf als Feuerwehrmann durchhalten.

Ein großer Dank, ebenfalls mit einem Lächeln, gilt meiner Fotografin Jenny Stadthaus, die mich so wunderbar in Szene gesetzt hat. Dank meiner griechischen Freundin Anna Driezo fühlte ich mich nicht nur wie 27 Jahre, sondern sah auch noch so aus – »efcharisto« dafür.

Ich danke dem Christian Verlag für das Vertrauen und den Mut, sich dieses so wichtigen Themas anzunehmen und dafür, mir die Möglichkeit gegeben zu haben, dieses Buch zu schreiben.

Danke auch an Sonya Mayer vom Christian Verlag, die mir jegliche »künstlerische Freiheit« gab und immer für mich erreichbar war . Die nicht nur die »Erste Hilfe«geleistet hat, sondern auch den »Einsatz« bis zum Schluss mitgefahren ist.

Und ich danke allen Menschen, die tagtäglich »im Einsatz« sind, und bei allem Stress und aller Hektik immer ein Lächeln auf den Lippen haben.

IMPRESSUM

Verantwortlich: Sonya Mayer
Texte und Rezepte: Jörg Färber
Redaktion: Constanze Lüdicke
Layout: Helen Garner
Umschlaggestaltung: Regina Degenkolbe
Repro: LUDWIG:media
Korrektorat: Asta Machat
Herstellung: Julia Hegele

Printed in Poland by CGS Printing

Bildnachweis
Alle Bilder des Umschlags und des Innenteils stammen von: Christian Verlag, mit Ausnahme von:
Jenny Stadthaus: Cover (Mitte oben), Seite 7, 9, 11, 13, 17, 43, 61, 99, 115, 129; Özgür Mert: Seite 25, 27;
Shutterstock / Lecic: Seite 151.

Sind Sie mit diesem Titel zufrieden? Dann würden wir uns über Ihre Weiterempfehlung freuen. Erzählen Sie es im Freundeskreis, berichten Sie Ihrem Buchhändler oder bewerten Sie bei Onlinekauf. Und wenn Sie Kritik, Korrekturen, Aktualisierungen haben, freuen wir uns über Ihre Nachricht an: Christian Verlag, Postfach 40 02 09, D-80702 München oder per E-Mail an lektorat@verlagshaus.de

Unser komplettes Programm finden Sie unter: www.christian-verlag.de

In diesem Buch wird aus Gründen der besseren Lesbarkeit das generische Maskulinum verwendet. Weibliche und anderweitige Geschlechteridentitäten werden dabei ausdrücklich mitgemeint, soweit es für die Aussage erforderlich ist.

Die Deutsche Nationalbibliothek verzeichnet diese Publikation in der Deutschen Nationalbibliografie; detaillierte bibliografische Daten sind im Internet über http://dnb.d-nb.de abrufbar.

ISBN 978-3-95961-795-6

Ebenfalls erhältlich ...

ISBN 978-3-95961-152-7

ISBN 978-3-95961-674-4

ISBN 978-3-95961-585-3

ISBN 978-3-95961-396-5

CHRISTIAN
www.christian-verlag.de